国語授業アイデア事典

小学校国語科
「交流型」
授業づくり
&
言語活動
アイデアブック

成家雅史 編著

明治図書

JN041569

はじめに

　本書には，国語の授業づくりと言語活動のアイデアが多く詰め込まれています。1年生から6年生までの全学年の実践や指導のアイデアを紹介しています。特に，書名にあるように「交流型」の国語の授業や言語活動を通して，子ども同士が主体的に関わり合う学級文化の形成につながるアイデアが満載です。

　各実践は，4ページで構成され，**活動のねらい**，**活動の手順**，**指導・日常化のポイント**，**評価のポイント**，**子どもの作品**などの項目があります。それぞれの特徴を簡潔に説明します。

　活動のねらいでは，それぞれの実践者の熱い思いが伝わってきます。その思いは，教師が何を教えたいかではなくて，子どもにとってこの学習活動の意味は何かということと，常に向き合っている教師の発想から生まれてくるものです。**活動の手順**では，教科書教材と関連する実践の場合は，教科書を開く前に，子どもの学習意欲を醸成するためにどんな取組をしているかを説明しています。また，教科書から発展する場合は，教科書で学んだことを生かして言葉の学びに導くヒントが書かれています。教科書との関連がない場合は，身近な言語経験と学習をどのようにつなぐかというコツが書かれています。**指導・日常化のポイント**は，指導のポイントと日常化のポイントが分かれています。指導のポイントでは，教師の発問，学習計画や課題の立て方，子どもとのやりとり，板書，他教科との関連のさせ方等，学習活動に合わせたポイントが焦点化されています。一方で，学習した内容は，学習したからといってすぐに身に付くものではありません。国語科の場合は，1年生でも6年生でも物語文を読みます。発達段階に応じて，内容や語彙は異なりますが，物語を読むという行為を繰り返し行っていくわけです。以前に学んだことを今に活用し，今学んでいることを活用しながら未来につないでいく。そのような学習プロセスがあります。だからこそ，日常の無自覚な言葉への認

識や感覚を，学習で取り組んだことによって自覚できるように，日常へ浸透させていくためのポイントを示しています。**評価のポイント**は，教師側の評価として，学習活動全体を通して身に付けてほしい国語の力，学習活動の各場面において重点的に見る国語の力を明確にしていたり，学習者側がどのようなことを学んだかを意識できるような観点が示されたりしています。また，子ども自らが振り返るときのポイントも述べています。**子どもの作品**などは，まさしく，子どもたちの学習活動の足跡が表れています。紙幅の都合で，子どもが書いた作品やノートは，多くは載せられませんが，実践の１つの形，ゴールが見えることで，「自分の学級の子どもたちにはこの程度まで期待しよう」や「自分だったらこの点を改善してみよう」と，ご自分の担任する子どもの顔が浮かんでくることでしょう。

　さて，本書は，「交流」がコンセプトとなっていますが，「日常化」ということも大切にしています。そのために，子どもや現場の先生方に寄り添った取組が多くあります。例えば，先生方が，子どもの「やりたい」，「やってみたい」を上手に引き出し，継続させて，国語の授業を教科書の中だけに，あるいは，授業の中だけに閉じ込めずに拓いている取組があります。さらに，明日の国語の授業をどうしようかと思い悩んだとき，子どもたちが意欲的に取り組む言葉の学習を実践したいとき，きっとお役に立てる取組があります。

　国語の授業を楽しい学びの場にしたい，そう思っていらっしゃる先生方に，ぜひ手に取ってお読みいただきたいと思います。

2021年６月

成家　雅史

もくじ
CONTENTS

Chapter 2 領域別・「交流型」の授業＆ 言語活動アイデア　37

Chapter 1

「交流型」授業に役立つ！

学年別・場面別 指導アイデア

1　話すこと・聞くこと
　　　ＩＣＴを活用したスピーチ活動

■指導のねらい

　スピーチの学習にＩＣＴを活用すると，子どもの関心や意欲が高まるだけでなく，思考や表現の幅が広がります。本稿では，プレゼンテーションソフトの１つであるパワーポイントを活用したスピーチ学習の提案を行います。

パワーポイント資料といっても，写真や絵などを貼り付けたスライドをそれぞれ１，２枚作成し，スピーチの際に提示するというものです（右図参照）。

　スライドを見せながらスピーチする活動には，メリットがいくつかあると考えています。最も重要なポイントは，内容や構成を考えながら試行錯誤することができるということです。話すことがなかなか思いつかない子にとっては，写真を見ることで，話したいことを決めたり，そのときのことを具体的に想起したりすることができます。また，パワーポイントの録音機能を活用した指導も有効です。パワーポイントには，レコーディングの機能があり，スライドに合わせて音声や動画を記録できます。この機能を用いると，教師のモデル例を作成して視聴させたり，スピーチ発表を録音し保護者に見せたりすることも可能です。

■具体例
宝物を写真に撮って，Microsoft Teams に投稿→パワーポイントのスライドを作成

　導入時には，大好きなものを見せ合う時間を十分にとって，伝えたい知り

たいという思いをもたせることが大切です。宝物の中には，家から持ってこられない物もあるでしょう。そこで，写真に撮って，Teams に投稿してもらうことにしました。写真を共有すると，さらに興味が高まります。

スライドショーを用いて教師のモデルスピーチを作成し，視聴させる

　短時間でスピーチの仕方を学ばせるには，教師がモデルを示すことが有効です。そこで，予め用意しておいた「スライドショースピーチ」の例を示して，スピーチの仕方を考えさせました。「スライドショースピーチ」はスライドに合わせて音声が流れるので，組み立ては分かりやすいものであるか，声の大きさや速さはどうかということを確認することができます。また，繰り返し聞くことができるので，自分のスピーチと比べながら視聴することもできます。

　本実践では，下の内容について，「スライドショースピーチ」を用いながら，スピーチの仕方について考えさせました。モデルを示した後は，「いいなと思ったことは何か」「真似したいことは何か」など，気付きを促す発問をしました。子どもからは，「聞く人を見て話していたのがよかった」「ゆっくり大きな声でよかった」「くわしく話していてよかった」などの感想が出されました。それらを整理して，紹介スピーチのポイントとして押さえていきます。そうすることで，子どもは具体的なイメージをもって理解を深めていくことができるのです。

> 私の宝物は，鉛筆です。
> この鉛筆は，普通の鉛筆よりも太くて，長いです。青い色のお花の飾りがついています。
> これは，沖縄旅行に行ったときに，お土産に買ってもらいました。
> どうしてこの鉛筆が宝物かというと，この鉛筆を見ると，沖縄でしたことを思い出してワクワクするからです。
> これで，発表を終わります。

（大村　幸子）

2　読むこと（説明文）
具体的なイメージと結び付けたワクワク読み

■**指導のねらい**

　低学年で取り上げられている説明文は，事例を挙げながら説明が展開されるものが多くあります。そうした説明文の学習において，「考えの形成」すなわち「文章の内容と自分の体験とを結び付けて，感想をもつ」指導を行うためには，精査・解釈の段階で，書かれている内容について，具体的なイメージと結び付けて読み取らせることが大切です。例えば，文章に書いてあることを，実物を用いて実演してみる，その場面を動作化する，写真や動画を視聴するなどが考えられます。実演したり，動作化したりするためには，叙述をよく読み返す必要があります。何となく読み流してしまうことを，実演したり，動作化したりすることで，叙述内容を具体的なイメージとともに理解することができるのです。また，直接的な叙述がないことも，その他の叙述を手がかりに様子を具体的に想像することができます。このようにして，文章に書いてあることを具体的にイメージしながら読み進めることで，自分の体験と結び付けながら感想をもつことができるようになると考えます。

■**具体例**

　「どうぶつ園のじゅうい」（光村図書2年上）は，獣医の「ある日」の仕事がしたことの順序に沿って書かれています。第4段落には，なかなか薬を飲まないにほんざるに薬を飲ませようと試行錯誤する仕事の様子が書かれています。その試行錯誤の様子を，実際に文章を読みながら，子どもたちと一緒に実演してみましょう。本文は，次のようになっています。

> 　えさの中に　……　……，すぐに気づかれました。くすりをこなにして，……
> ……わたしました。すると，……たべてしまいました。こなを……，……のみこん

でくれました。（p.119 ℓ.4～p.120 ℓ.1）

　用意するものは，えさ（にんじん等），薬（ラムネで代
用），すりこ木とすり鉢，バナナ，はちみつです。

　まず，えさを入れたタッパーに，白い薬を入れると，こ
れは一目瞭然，「薬はよけて食べるよ」と，子どもたちは
すぐに気付きます。次に，ラムネをすりこ木でつぶし，粉
状にしました。「これはいけるかもしれない」と子どもた
ち，「バナナを半分というのは，縦なのかな，横なのかな」「皮は食べるのか
な」と，書いていないことにまで想像を広げて，獣医の意図やにほんざるの
特性を考えています。さらに，「書いていないけれど，縦に半分にして，白
い粉をはさんで」とやっていると，「えー，バナナに溶け出しているこの薬
をよけるの？」「にほんざるって賢い」「器用なんだね」と，新たな発見にワ
クワクしながら読み進める姿が見られました。

　このように本文の読み取りをした後に，獣医の仕事についての感想を聞い
てみると，次のような考えが出されました。

・私のお母さんも私に薬を飲ませるときに，甘いジュースに入れてくれます。お母
　さんも獣医さんみたいに私に薬を飲ませるために工夫をしていることが分かりま
　した。
・薬は苦いだけだと思っていたけれど，苦いにおいもするのかもしれない。にほん
　ざるはそのにおいもかぎとっていてすごいと思いました。

　獣医の仕事と自分の母親の工夫を結び付けて考えたり，にほんざるの特性
への気付きを深めたりしていることが分かります。

　他にも，「たんぽぽの　ちえ」の学習で，背を高くする知恵を読み取るため
に，本物のわた毛を扇風機の風で飛ばしたり，「じどう車くらべ」の学習で，つ
くりとはたらきの関係を読み取るために，トラックやバスを校庭により，観
察したりしました。経験の少ない低学年児童には，実演したり，動作化した
り，あるいは，実物を実際に見たりしながら学習を進めることが，内容をイ
メージと結び付けて読むためには，有効であると考えています。（**大村　幸子**）

3 ひらがな・漢字
対話を取り入れた言葉の学習

■指導のねらい

　ひらがなや漢字を覚えるには，繰り返し練習することも必要ですが，学習過程の中に，対話を取り入れることで，より豊かで楽しい言葉の学びにつなげることができると考えています。本稿では，1年生向けのひらがなの学習と，2年生向けの漢字の学習の2つを紹介します。1年生の学習では，教師との対話を中心に，「たくさんの言葉を集めることができた」「新しい言葉を知ることができた」という充実感，満足感をもたせることを大切にしました。2年生の学習では，子ども同士の対話を中心に，漢字に対する関心を高め，互いの気付きによって学びを深めていくことを大切にしました。こうした充実感や気付きこそが，実生活に生きて働く言葉の獲得につながると考えています。

■具体例
ひらがなの学習－言葉集めの学習－

　「こ」「く」「ご」で始まる言葉をたくさん集める学習を紹介します。
　　T　これから「こくご」の学習をします。
と言いながら，黒板に「こ」「く」「ご」と書きます。
　　T　「こ」が付く言葉は何がありますか。あっ，「ことば」。「こくご」の
　　　　「こ」は「ことば」の「こ」。国語では言葉の勉強をするのですね。他
　　　　にも，「こ」がつく言葉を探してみましょう。
どんどん発言させ，出された言葉を板書していきます。友達の発言は黙って聞くようにさせ，聞き終わった後の「あ～」「いいね」などの反応は称賛するようにします。

T　友達と話し合いながら考えたらこんなに言葉が集まりましたね。では，「く」が付く言葉を発表してください。「くらす」もそうですね。カタカナで「クラス」と書きますね。（黒板が言葉でいっぱいになったところで，）「こ」「く」「ご」がつく言葉をそれぞ

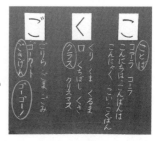

れ3つノートに書いてみましょう。対話を通して広がった関心を原動力にひらがなの練習が始まることでしょう。

漢字の学習－漢字のミニ先生－

　2年生では160字の漢字を学習しますが，1文字ずつ担当を決め，漢字ミニ先生になってもらって，漢字の学習を進めるようにします。

　漢字ミニ先生の台本は，次の通りです。（例えば，「読」という漢字の場合）

---

①これから，漢字のミニ先生を始めます。今日の漢字は，「読」です。

②この漢字は，こう書きます。（黒板に一文字書いて，書き方の見本を示す）

③音読みは「ドク」「トク」で，訓読みは「よ」，送り仮名が「む」です。

④ポイントは，言葉に関するへんである，ごんべんの漢字ということです。

⑤言葉の例は，「読書」，文の例は，「お手紙を読む」です。一緒に読みましょう。

　ポイントとして，漢字の成り立ちや覚え方などが，説明されることもあります。漢字ミニ先生に対して，質問が出されたり，「よく分かった」「なるほど」などの感想が出されたりすることもあります。その後，本学級では，一人一

台持っているタブレットを取り出し，Microsoft Teams の「漢字のチャネル」に，各自が考えた言葉や文を投稿するようにしています。予測変換機能があるため，難しい言葉も書くことができるので，さらに興味が広がります。「先生，○○の漢字はこれですか」などの質問が出され，その日の漢字にちなんだ話が続きます。

（大村　幸子）

1 読むこと（説明文）
段落最初の文で段落相互の関係に着目しよう

■指導のねらい

　中学年の説明的文章の指導では，段落相互の関係に着目して，文章の構造や内容を把握することが大切です。読むことの学習では，導入時にどのように文章を子どもと出会わせるかということがポイントになります。さて，その導入時に，「教科書○ページを開いて，さあ今日から●●という文章を読んでいくよ」という始まりになっていませんか。それが悪いということではありませんが，何のために読むのかという目的がないままの学習になってはいけません。

　子どもは，教科書をもらったときに，一通り目を通しているので，「こういう題名のものを学習するんだな」ということは大体予想していても，文章の内容までは理解していないものです。説明的文章では，最初から文章全体を子どもに読ませるのではなくて，各段落をカードのようにして，順番の並び方を考えるという導入もあります。低学年までの説明的文章でも，問いと答えの関係や段落ごとに説明しているまとまりがあるということは学んでいます。ですから，段落相互のつながりに着目させるには適した導入とも言えるでしょう。ですが，さらに段落相互のつながりや関係に着目させるには，各段落の最初の言葉や文に着目させることが有効です。

■具体例：「すがたをかえる大豆」（光村図書３年下）

　「すがたをかえる大豆」は，８段落あります。各段落の最初の１文は次のようになっています。

　　1 わたしたちの毎日の食事には，……調理されて出てきます。
　　2 大豆は，ダイズという植物のたねです。

③いちばん分かりやすいのは，……おいしくするくふうです。

④次に，こなにひいて食べるくふうがあります。

⑤また，大豆にふくまれる……するくふうもあります。

⑥さらに，目に見えない……にするくふうもあります。

⑦これらの他に，……もあります。

⑧このように，大豆は……食べられています。

複数のパターンで順番を並び替える

　例えば，「中」の段落のつながりについて着目させたい場合は，③，④，⑤，⑥，⑦の順番を③から始めるのと，④から始めるのと，⑦から始めるという３パターン用意します。「次に〜」という言葉が何にかかるかということを考えたり，「これらの他に〜」の「これら」って何かということを考えたりする必要があります。このように，各段落の最初の言葉や１文に着目するだけでも，段落のつながりや関係が見えてきます。また，段落の要点もつかみやすくなります。

すがたをかえる大豆A
①わたしたちの〜　（以下、省略）
②大豆は、ダイズ〜
③次に、こなにひいて食べる〜
④いちばん分かりやすいのは〜
⑤また、大豆にふくまれる〜
⑥さらに、目に見えない〜
⑦これらの他に、〜
⑧このように、〜

すがたをかえる大豆B
①わたしたちの〜　（以下、省略）
②大豆は、ダイズ〜
③これらの他に、〜
④いちばん分かりやすいのは〜
⑤次に、こなにひいて食べる〜
⑥また、大豆にふくまれる〜
⑦さらに、目に見えない〜
⑧このように、〜

　学級によっては，ここに挙げたパターンだと簡単に並び替えができるでしょう。その場合は，もう少し入れ替えをしてパターンを増やすのもいいでしょう。

（成家　雅史）

2　漢字
「〇〇へん」集め，じゅく語しりとり

■指導のねらい

　中学年は，配当漢字が最も多い学年です。3年生で200字，4年生で202字
あります。一方で，国語科の時数は，低学年に比べると2割以上減ることに
なります。ですから，低学年の頃のように，十分な時間を使って漢字を学習
することが難しくなり，ついつい家庭学習で漢字練習に取り組ませることが
多くなります。しかし，家庭での漢字学習には習得することに個人差が出る
傾向があります。そこで，学級のみんなと楽しく，時には競い合いながら漢
字の復習をしていくことができる実践を紹介します。

■具体例
「〇〇へん」集め

　3年生で「へんとつくり」を学習しますので，関連させてもよいです。で
きれば，1・2年生で学習する漢字も含まれるとよいです。例えば，以下の
ような漢字です。

学年／へん	「木」（きへん）	「糸」（いとへん）	「言」（ごんべん）
1年	校，村，林	―	―
2年	―	絵，細，紙，線，組	記，計，語，読，話
3年	横，橋，根，植，柱，板，様	級，終，緑，練	詩，談，調
4年	機，極，材，札，松，栃，梅，標，械	結，縄，続，約	課，議，訓，試，説

　みんなで考えてもよいし，伝言ゲームのように1人ずつが考えていって5
個以上見つけるなどの条件を設定しても盛り上がります。また，「へんとつ

くり」の学習でも，教科書の漢字だけでなく，子どもたちの名前に注目して，右と左に分かれる漢字を探す活動も意欲的に取り組みます。常用漢字でなかったり未習漢字だったりすることもありますが，自分の名前がどんなつくりの漢字でできているかということで，漢字に関心をもっていきます。

じゅく語しりとり

こちらは，少し難易度が高くなります。子どもたちは，漢字自体は読んだり書いたりできるのですが，文章で活用することができないことがしばしば見られます。それは，言葉と漢字の認識が結び付かないからだと思われます。そこで，熟語として漢字をつないでいくことで，辞書を使いながら言葉を知る，漢字を覚える学習になります。

最初の漢字は教師が示します。例えば，「先生」という漢字を示すと，終わりは「生」ですから，「生活」というようにつないでいきます。「活用」→「用事」→「事実」→「実験」とつなぐことができます。「験」は，ひらがなでは「けん」となり「ん」がつくので，通常のしりとりでは負けになりますが，このじゅく語しりとりでは負けではありません。例えば，制限時間10分で何個つなげるかというようにすることができます。また，同じ漢字を２回以上使ってもよい（同じ熟語はだめ）とするか，使ってはいけないとするかで難易度が変わってきます。「験」は４年生で学習しますので，３年生だったら「実体」を辞書で探せたら素晴らしいですね。

ただの競争ではなくて，制限時間終了後は，黒板に提示して熟語が合っているかの確認をします。黒板に提示することを事前に伝えておき，画用紙か何かに大きな字で書くことを指導します。他の人が意味が分からない熟語は，どんな意味かを発表させるとよいでしょう。また，辞書で調べることもできます。

時間があっという間に過ぎてしまうくらい，子どもたちは集中して取り組みます。

（成家　雅史）

3　言葉遊び

アナグラム，回文，〇月の句，同じ言葉の詩

■指導のねらい

　中学年は，言葉への関心が高まる時期です。自分が知らない語句の意味を辞書で調べたり，未習の漢字を読んだり書いたりする子どももいます。そのような時期ですから，たくさんの言葉遊びをして，言葉と関わることができる機会をつくってあげたいです。ここで紹介するアイデアは，教科書にある言葉遊びを学級文化として根付かせていくことがねらいです。

　月毎に，1つの言葉遊びに注目して，思いついたときにメモをしておいたり，カードに書いて「ことばのポスト」のようなものに入れたりするという取組です。または，日直が朝の会などに自分で作ったものを紹介していくということでも，言葉遊びに全員が参加するという機会をつくります。

■具体例

アナグラム

　アナグラムは，ご存知の通り，文字や語句の並び方を変換して意味を変える言葉遊びです。例えば，簡単な例では「毛糸」（けいと）⇔「時計」（とけい）がそうですね。結果としての作品も大切ですが，考える過程で様々な言葉を試行錯誤することで言葉との関わりが増えるということを意識して指導するとよいでしょう。「美術館に行く」（びじゅつかんにいく）⇔「かにいくつ準備」（かにいくつじゅんび）など，語句を合わせて文になったものは，少し強引でも認めてあげましょう。子どもにとって自分で見つけた喜びは大きいものです。

回文

　回文は，3字以上の言葉で作られて逆から読んでも元の言葉と同じになる

ものです。有名なものに,「たけやぶやけた」や「しんぶんし」があります。

○月の句

　3年生では,俳句についても学習します。教科書でも,季節に応じた言葉集めをしているページが見られます。教科書に載っている言葉を使って「季語」にしてもいいですし,ローカルルールで「月語」を作ったり,学校行事と関連させたりしてもいいでしょう。

〈例〉外そうじ / ふくろやぶれる / 落ち葉かな

　　　十月や / ハロウィン歌う / 英語でも

　教科書では,名句を取り上げています。名句には「切れ字」(や,かな)などが使われています。調子を整えるために使われていますが,子どもも音数を合わせたり雰囲気を出したりするために使うと俳句らしさが加わり,俳句作りに幅が出ます。

同じ言葉の詩

　川崎洋さんの詩に「とる」があります。「とる」という言葉には,様々な使い方があります。例えば,「食事をとる」,「お金をとる」,「写真をとる」,「天下をとる」など。漢字は書けませんが,子どもたちは,日常にたくさんの「とる」があることを理解します。詩「とる」を読んで,「他の言葉でこのような詩が作れるかな」というと,どんどん言葉が出てきます。

```
ぬぐ　　　　　　　　　　　　　　　　　たらす
よいしょよいしょくつをぬぐ　　　　　　おっとっと水たらす　　　（児童詩A）
あー暑いぼうしぬぐ　　　　　　　　　　あーうまそうよだれたらす
洋服きがえる服をぬぐ　　　　　　　　　ポタポタポタインクたらす
足にはくくつ下をぬぐ　　　　　　　　　いってこーいつり糸たらす
七五三きものぬぐ　　　　　　　　　　　虫くるぞージュースたらす
マスクぬぐ　　　　　　　　　　　　　　サヨウナラなみだたらす
いろんなぬぐ　（児童詩B）
見つけよう
```

国語辞典を使うと,言葉の認識がより広がります。

　　　　　　　　　　　　　　　　　　　　　　　　　　　　　（成家　雅史）

1 読書指導
ペア（グループ）読書＆考え聞かせ

■指導のねらい

　学習指導要領解説の学年の目標の「学びに向かう力，人間性等」の項目には，読書に関するものがあります。低学年では「楽しんで」，中学年では「幅広く」，そして高学年では「進んで」読書をすることが目標として掲げられています。また〔知識及び技能〕(3)我が国の言語文化に関する事項にも，「読書」の項目があり，「国語科で育成を目指す資質・能力をより高める重要な活動の一つ」として位置付けられています。高学年では「日常的に読書に親しみ，読書が，自分の考えを広げることに役立つことに気付くこと」がその内容となっています。

　しかし，実際にそうしたことを意識した「読書指導」は，どれほど行われているでしょうか。読書は個人的な営みとして，子ども任せの時間になっていませんか。読書好きな子はどの学級にも一定数いるでしょうが，読書嫌いの子もまた，同様にいることでしょう。図書の時間を確保するだけでは，十分な読書指導とは言えず，読書に関する子どもたちの認識は変わらないでしょう。

　そこでペア（グループ）読書を取り入れ，読書指導の改善を図ってみませんか。

■具体例

　ペア読書とは，文字通りペアで同じ本を読む活動です。通常，読書は一人一人違う本を読んでいると思いますが，2人で同じ本を読むことで，いつもとは違った読書体験ができます。1冊の本を2人で一緒に読むのもよいですが，できれば同じ本を2冊用意した方が，それぞれのペースで読めてよいで

しょう。

　同じ本を2冊用意するには，学校図書館や地域図書館を活用しましょう。司書教諭に相談すると，よい知恵を教えてもらえるかもしません。また，地域によっては，読書指導への理解を十分にお願いした上で，家庭に本の購入をお願いすることも考えられます。

　どのような本を読むかについては，教師によってある程度限定した方がよいでしょう。ペア読書では，一緒に読む友達がいるので，1人ではなかなか手を出さない本も読めてしまうことがあります。子どもたちの読書実態を考慮しつつ，長さや内容を決めましょう。その際，難易度をつけるなどして，子どもたちが選書するときの参考基準を示すようにします。教科書教材を読むときは，読むものが決まっている場合が多いですが，本来読書は，選書がその第一歩となります。教師が限定したとはいえ，選書を体験することは，子どもたちの読書意欲を高めることにつながるはずです。

　読む本が決まったら，2人で読書計画を立てます。目次がある本であれば，それを参考に，いつまでにどこまで読むかを決めます。ペアの友達がいるので，約束の日までに，約束のページまで子どもは読もうとします。期日になったら，そこまで読んだ内容について2人で話し合う場をとってみましょう。全員で行う読むことの学習と違って，2人で読み進めるので，親密性が増し，思っていることを話しやすくなります。

　話すときに，話したいことを思い出せるように，読んでいるときには付箋紙などにメモをとらせるとよいでしょう。疑問や気付いたことなどを書かせて本に貼っておくと，話し合うときに活用しやすいです。

　最終的には，2人でその本の推薦文や批評文を書く活動につなげると，子どもたちは大きな達成感をもてるでしょう。この活動はペアに限らず，グループ（3～4人）でも同様に行うことができます。本をそろえることさえできれば，ペア読書よりも大きな効果を得られる場合もあります。学級の実態に合わせて，様々な読書指導にチャレンジしてみましょう。

（小野田　雄介）

2　読むこと（説明文）
「書き言葉」の特徴に着目しよう

■指導のねらい

　高学年の説明的文章の指導では，事実や意見などの関係を基に，文章全体の構成を捉えて要旨を把握することが求められます。またその論の進め方について考えることも必要です。国語は言葉の学習ですから，書かれている言葉を基に，これらのことについて考えるのは当然です。しかし，書かれていることだけに着目して読もうとすると，それ以上の広がりはなくなってしまうことになります。ちょっともったいないです。

　説明的文章は「書き言葉」を使って書かれたものです。「話し言葉」のように話し手とその場でやりとりをしながら理解を深めることは難しいです。しかしだからこそ，筆者は言葉や構成に，様々な意味を込めて文章を綴っています。その意味を想像させることは，説明的文章の理解をより深める手立てとなります。

※高学年では〔知識及び技能〕の(1)言葉の特徴や使い方に関する事項イで「話し言葉と書き言葉との違いに気付くこと」という項目があります。読むことの学習前に，この点について指導しておくと，「書き言葉」の特徴に着目して読むことができるでしょう。

■具体例

　「『鳥獣戯画』を読む」（光村図書6年）は，筆者が思う「鳥獣戯画」の魅力を説明している文章と言えます。そこで，筆者はどのような説明の仕方でその魅力を伝えようとしているかを読んでいく授業を考えたとします。

　その場合，例えばこの文章の冒頭が「はっけよい，のこった。秋草の咲き

乱れる野で，蛙と兎が相撲をとっている。……」と，相撲の実況中継のように書かれている意味を想像するような展開が考えられます。「読み手を引きつけるためではないか」というのはもちろんあるでしょう。でもそれだけでしょうか。「引きつけるためだけだったら，相撲の実況中継じゃなくてもいいんじゃないかな」と問い返してみましょう。筆者がわざわざ「相撲の実況中継」にしたことの意味を考えさせてみるのです。そうすると「この後，絵巻の物語について説明するから，そこにつなげやすくしようとしているんじゃないかな」「生き生きした絵であることを伝えるために，実況中継のように書いたのかもしれない」と，想像しやすくなるでしょう。筆者が意味を込めて綴っているという「書き言葉」の特徴に着目することで，読みを広げていくことができるのです。

　ただし，やたらと意味ばかりを問うていくと，一問一答形式の授業になり，息苦しい展開となってしまいます。読む目的や子どもの思考の流れを考えて，こうした場面を設定するようにしましょう。また，その意味を考えることで，文章全体の構成が把握しやすくなるなど，学びが広がるような箇所を教材研究の段階でつかんでおくことも大切です。

　想像を広げていくためには，書かれていることについてある程度経験がある方がよいでしょう。小学校の説明的文章で扱われている内容は，身近なところから話題をとっているものが多いです。学習に入る前に，文章の内容に関わるような体験を積ませることで，読むことの学びを広げる素地づくりができます。

　例えば「『鳥獣戯画』を読む」では，文章で扱われている絵について，読む前に鑑賞したり，筆で模写したりする時間をとることで，筆者の言葉をより繊細に受け止めやすくなります。「時計の時間と心の時間」(光村図書6年)であれば，時間に関する意識調査をしてみたり，文章で書かれているような実験を事前にしてみたりすることが考えられます。

（小野田　雄介）

3　漢字
漢字作文

■指導のねらい

　宿題の定番とも言える漢字の指導は，どのようにしていますか。低学年のときは指導する時間があったものの，高学年となるとなかなか指導の時間がとれないのが現状ではないでしょうか。しかし闇雲な書き取り練習だけでは，子どもたちの意欲を高めることは難しいでしょう。徐々に複雑な形をしたものが多くなることに，抵抗感をもつ子どもも増えてくるかもしれません。漢字は，縦線や横線など限られた線の種類で組み立てられていることや，いくつかの偏旁を組み合わせてできていること，書き順には大体の決まりがあることなど，漢字の見方を短い時間でも指導しておくと，子どもたちの漢字を見る目を育てることができます。また，書写の時間と関連付けて指導を行うことも効果的です。

　これら基礎的な指導とは別に，楽しく漢字と関わる時間ももつようにしたいものです。新出漢字を使って例文作りに取り組んでいる学級も多いと思いますが，そこにひと工夫加えた漢字作文という活動があります。学級の実態に合わせて様々なアレンジが可能ですので，是非色々な方法で試して，漢字を楽しく使う時間をつくっていってください。

■具体例

　例えば，次の新出漢字「誠」「敵」「蚕」「仁」「泉」を学習したとしましょう。よくある例文作りでは1字ずつ例文を考えていくことが多いですね。「誠」であれば，「誠実な人」「忠誠をちかう」などです。しかしこの程度の例文であれば，最近の市販の漢字ドリルは予め載っていることがほとんどでしょう。例文作りと言っても，ドリルに書いてあることを写しているだけの

活動になっている可能性があるのです。例文作りの活動においては，その言葉の意味を考えて文章を作る姿が望ましいですね。そのためにひと工夫を加えます。

　それは，この5字の漢字を使った短い作文を書かせる，というものです。学級の実態にもよりますが，私の学級では，5字であれば120字ほどが適切でした（市販の漢字ノートの120字を活用しています）。字数はあまり多くすると，子どもは意味を考えずにやたら長い作文を書いてくるので，やや短めぐらいに設定するとちょうどよいかもしれません。少ない字数で5字を使った言葉を入れなければいけないので，単なる作文を書くよりも制限がかかった状態になります。制限がかかった方が子どもたちは楽しんで書きます。

　先の5字であれば，例えば次のような作文を考えることができます。

> 会社で大げんかがおき，社内が2つに分かれる事態となった。どちらの味方になるかと聞かれたが，敵を作りたくない僕は蚕のまゆにこもりたいぐらいだった。しかし仁徳の高い社長が温泉旅行を提案し，仲を取り戻した。誠にありがたいことだった。
>
> （113字）

やや不自然なところもありますが，その不自然さこそ漢字作文の面白さだと思ってください。子どもは5字を使おうとあの手この手でストーリーを考えてきます。それを教師も一緒に楽しみましょう。

　このような作文を作るために，子どもは自然と言葉の意味を知ろうとします。調べてみて，使えそうな場合もあれば，難しい場合もあるでしょう。しかしそのように意味を調べていく活動を通して，語彙を増やすことが期待できます。

　きちんと5字を使ったか，書いた後に赤鉛筆で囲ませるなど目立つようにしておくと，確認するときに見やすいです。いきなり5字を使うのが難しい場合は，3字だけ使った漢字作文を書き，残りの2字はドリルの例文を写す形にするなど，子どもの実態に合わせて難易度を調整しましょう。初めは難しくても，友達の漢字作文を読む機会を設定していくことで，徐々にコツをつかんでいくことが多いので，継続的に行うとよいでしょう。**（小野田　雄介）**

❷場面別指導アイデア

1 読書活動のアイデア

■指導のねらい

　読書活動では，子どもが進んで学校の図書室や地域の図書館に行き，お目当ての本を借りたり必要な本を探したりと，自ら手に取るようにすることが目的です。国語科の学習に限定せず，読書活動に拓いた学習環境をデザインしていく意識が教師に期待されます。

■具体例
低学年：朝の会で日直の紙芝居読み聞かせ

　紙芝居は，読み手と聞き手の協働した読書活動だと考えます。読み手は，必然的に聞き手を意識して読みます。筆者の経験から，低学年では，文章を声に出して読むことは，文字の認識や主語と述語の照応などの文構成を理解することに有効であると考えます。また，絵を「ぬきながら」や「ゆっくりとぬく」というような指示が書いてあり，読み手のことを意識する態度も身に付いていきます。さらに，「どんな作品が喜んでもらえるか」という気持ちで選ぶことは，自分だけで読む楽しさに加えて，相手を喜ばす楽しさを味わうことができます。このような楽しさを味わう経験は，読み聞かせだけでなく，自分自身の読書活動にもつながっていきます。学校の図書室の規模にもよりますが，紙芝居には，こんなお話があったんだというような出会いもあります。時には，健康のことや科学的なことを説明する内容のものもあります。

　日直の人数は，1人だったり2人だったりと，学級の実態で様々でしょう。ただ，読み聞かせに取り組む場合は，2人が最適です。紙芝居を持つ役割と読む役割があるからです。絵をぬくのは，読み手の方がタイミングを合わせ

られます。また，朝の会は，限られた時間です。紙芝居を1作品読み切るには，10分程度の時間が必要です。途中で終わってしまうと，読み手にも聞き手にも不満が残ります。十分な時間を確保できる曜日を選んで，行うことをお薦めします。上手になったら，1年生に読み聞かせをするのもよいと思います。

中・高学年：「好き」を伸ばす

中学年になると，自分が好きな本の傾向が明らかになってきます。多くは，事件解決型の文学的文章を好んで読んでいます。本校の図書室では，予約をして貸し借りが行われるものもあります。子どもたちは，面白い本を見つける嗅覚が優れています。友達が読んでいて面白いと教えてくれたとか一度読んだら面白かったとか，同じシリーズの本を好きになります。日記や日直のスピーチでは，子ども自ら，読んだ本のよさや面白さを伝えてきます。「好き」な本に出合えることは素晴らしいことだと思います。教師は，その「好き」を伸ばすことで，次の「好き」を見つける手助けをしていけたらいいと考えます。

例えば，グループで互いのお薦めの本を持ち寄って，くじを引くなどして自分と異なる人の薦める本を読むという読書活動をしたり，本の紹介文や推薦文を読んだ上で読みたい本を借りたりということが出来ます。実際に，自分が紹介したり推薦したりした本が，誰かに気に入ってもらうことは大変嬉しいことです。

「好き」は，本に限ったことではありません。中学年は好奇心が高まる時期ですし，高学年は自分の好みが分かってくる時期です。「好き」なものを調べるという読書活動もしていってほしいですね。ですから，自分が「好き」なものに関連する本を5冊集めたり，ブックトークのように本を通して「好き」なものを紹介したりするのもいいでしょう。

（成家　雅史）

2 ノート指導のアイデア

■指導のねらい

　ノート指導は，板書を書き写すノート指導ではなく，発達段階に応じて自分の方法で学習をまとめるノートを目指したいと考えます。したがって，発達段階や学級の実態に応じて，ノートをどのように活用できる子どもになってほしいかということを考えて指導する必要があります。

■具体例
板書は全てノートに書かなくてもよいという指導

　板書を見事に書き写す子どもがいます。ですが，そのような子どもに限って発言をせずに黒板とノートを交互ににらめっこということがあります。その子は，その子なりに学んでいるつもりでしょう。しかし，思考の働き方でいうと，学習課題の内容よりも「どのようにきれいなノートにするか」にあります。授業では，教師の発問に促されて考えたり，友達の発言と自分の考えや友達同士の考えを比べたりするという思考の働きをしてほしいものです。したがって，「黒板を全部書き写さなくてよいから考えよう」という指導が必要です。このことは，教師が授業で何を大切にしているかということの表れでもあります。

　授業では，自分の考えをもつこと，記録することが大切です。ですから，教師は，授業の中で子どもが自分の考えを記録する時間を必ず取らなければなりません。このことを習慣付けることで，子どもはノートを自分の考えを記録するものというように認識し，教師は子どもがノートに書いたものから発言を促したり意図的に指名したりと授業をデザインすることができます。

1授業を見開き1ページで書くという指導

　どの学年にも共通して指導できることとして，1授業につきノートを見開き1ページで終えるように指導することです。低学年だから書く力がない，高学年だから書くことが多いということはありますが，文字の大きさも違ってきますので，できないことはありません。

　1授業を見開き1ページに収めることは，見やすさと同時にオリジナリティのあるノート作りにつながります。見やすさでは，後でノートを見直したときに，日付を見れば一目でどんな学習をしたかが分かります。ですから，必ず日付を書く習慣が身に付いていきます。オリジナリティでは，見開き1ページのどこに何を書くかということを考えたり，自分で色を決めたりしていくことで，自分なりの「型」ができます。また，オリジナリティが見やすさにもなります。また，オリジナルのキャラクターを作って，発言をしなくてもキャラクターに自分の考えをつぶやかせたり，分からない語句を辞書で調べてメモしたりということをして，主体的な学びをするようになります。

ワークシート，切り張りの活用

　ノート指導というと，ワークシートを使ってはいけないような捉え方をされるかもしれませんが，決してそんなことはありません。ワークシートは子どもの学習を効率的に進めることができます。気を付けることは，穴埋めのようなワークシートばかりを使っていると，授業が予定調和で流れていると子どもが思ってしまうことです。

　例えば，図などを使って子どもに考えてほしい場合は，図を板書して子どもがノートに写すという時間を省くために，ワークシートを使うことによって学習活動が円滑になります。また，切り張りをして図だけを配布してもいいかもしれません。学習のねらいや目的に応じて，ノートとワークシートを上手に使い分けることも教師にとって大切な授業アイデアの1つと言えるでしょう。

（成家　雅史）

3　学室経営のアイデア

■指導のねらい

　学室経営とは，学びに向かう集団として学級を育てていくことです。育てるというと，規律よく学ぶ集団ということをイメージしがちです。規律よく学ぶことはとても大切な学習に向かう力ですが，ここでは，学ぶことが学級文化の中に，自然と根付くような学室経営について考えてみます。国語は，話したり書いたり，聞いたり読んだりと，広義の言語活動自体を学びます。そういう意味から，学びの基礎となる教科と言えるでしょう。ですから，国語を軸にした学室経営は，教科を横断して学ぶ力になると考えます。

■具体例
学習感想で学び合う学室に

　授業の終末に授業の感想を書くことがあると思います。学習感想という言い方が一般的でしょうか。この学習感想を，教師はどのように活用しているでしょうか。学習評価として見るだけではもったいないです。ぜひ，次の授業で学習感想の一覧を子どもが見られるように活用してほしいと思います。例えば，座席一覧表にして教師がパソコンで入力して配布します。配られた子どもは，まずは自分がどんなことを書いたかに目が行きますが，少し時間を取れば友達の記述に目が行きます。すると，「あー，○○さんと僕の考えは同じだ」「◇◇さんは，こんなにたくさん感想をもてていてすごいな」といった見方ができるようになってきます。友達の学び方にも関心をもつようになると，友達の名前を取り上げて感想を書いている子どもも出てきます。

　さらに，次の授業の導入で，誰の学習感想がよいと思ったかという発問をしていくと，名前を挙げてもらった友達はうれしい気持ちになります。教師

が名前を挙げて取り上げてもいいです。このように，ひと手間は必要ですが，友達から学ぼうとしたり，学ぶ意欲が高まったりすることで，学び合う学室に向かっていきます。

書く活動を中心にした学室経営

書く活動は記録に残すことができます。書いたことが成長の足跡となり，自分を見つめ直したり友達のことを理解したりすることができます。また，文集などにまとめることもできます。様々な書く活動を取り入れて，学びに向かう力を付けていくことを目指します。

①日記を書く

週３回（月・水・金）提出することを目指して，書くことを習慣化できます。また，書く題材を探して生活したり，書くことによって自分の行動や経験を内省的に考えたりする力を育てます。

②詩を書く

季節の移り変わり，行事等のことを振り返って，詩を創作します。個人詩集，学級詩集にして保管します。詩という，非形式的な文体だからこそ，自由な表現行為が可能となり，感情や感覚を表現する力を育てます。

③紹介文を書く

１学期は自己紹介文，２学期は他己（友達・家族）紹介文，３学期は学級紹介文を中心に，紹介文を書きます。紹介したい事柄と理由を書くという行為にある，論理的に物事を説明する力を育てます。また，「紹介する」という言語活動は，日常生活でも多様な形でできる利点があり，朝の会や帰りの会のスピーチにもつなげていき，自分の考えを明瞭に話すという活動も取り入れます。

④学びの振り返りを書く

いわゆる「学習感想」の質を高められる指導をし，自己の学びを自覚し，高めようとする態度を養います。前述した子ども同士が学びの中で関わりをもつ材料にもなります。

（成家　雅史）

4　ファシリテーターのアイデア

■指導のねらい

　アクティブラーニングでは，小集団での話し合いや活動を通して，問題を解決していく場面が多くなります。そのような場面で，話し合いや活動の促進役としてファシリテーター，または，ファシリテーション能力を育成することが，主体的な学びや対話的な学びをつくり出すと考えます。話し合いというと司会があります。司会とファシリテーターは何が違うのでしょうか。司会の役割は，主に進行です。進行とは，一人一人に意見を言ってもらうために順番で指名することだったり，まとめるときに共通点や相違点を整理したりするという役割です。一歩踏み込んで，ファシリテーターには話し合いの内容を深めるや協同学習を高めるという意識をもたせたいと考えます。

　ファシリテーション能力を育成するねらいは，参加者が受け身にならず自分事として話し合いや活動に参加できるような態度を身に付けることにあると考えます。したがって，ある特定の子どもだけに任せるのではなく，学級の全員に経験させて，互いを補い合える関係づくりも大切です。

■具体例

　ファシリテーターは，「支援し，促進する。場をつくり，つなぎ，取り持つ。そそのかし，引き出し，待つ。共に在り，問いかけ，まとめる。」*ことが役割と言われます。同じ学習をする子ども同士で「支援」や「場をつくり」，「そそのかす」ということは難しいと思います。ただ，上学年になれば，ファシリテーターの役割を理解していると，下学年とのたてわり活動などでは，これらの役割についても意識できることを期待したいです。

ファシリテーターの役割を具体的な言葉で

右は，ファシリテーターの役割を３つにして，ファシリテーターとして掛けると思われる具体的な言葉をカードにしたものです。慣れないうちは，このカードを手元に置いたり，教室に掲示したりしながら取り組むといいでしょう。

> **ファシリテーターカード**
> ①うながす，引き出す，問いかける
> 「〇〇くん，☆☆さんはどう思う」
> 「◇◇については，どうだろう」
> 「なぜ，△△になっているのかな。私は……」
> ②つなぐ
> 「ＡとＢで，同じ言葉を使っているね」
> 「〇〇くんと〇〇さんの意見は同じだね」
> 「〇〇くんと☆☆さんの意見はここがちがうね」
> ③まとめる
> 「では，～～でまとめていいかな」
> 「では，１つにまとまらないけど，２つの考えね」

ファシリテーターチェック表で自己評価・他己評価

上のようなカードを手元に持ったからといって，すぐに上手にはいきません。ビデオで録画することもよい方法ですが，以下のようなチェック表を用いて得点化したり，感想を書いたりして記録を保存し，経験を積み重ねることが必要です。下の表の場合，５点が一番高い点数となります。

役割チェック表		得点５段階					感想
A	活動手順の確認	1	2	3	4	5	
B	共通して考えることの提示	1	2	3	4	5	
C	発言の促し	1	2	3	4	5	
D	発言に対する聞き返し	1	2	3	4	5	
E	発言の要約	1	2	3	4	5	
F	発言の反復	1	2	3	4	5	
G	発言の整理・まとめ	1	2	3	4	5	

（成家　雅史）

参考文献
＊中野民夫（2003）『ファシリテーション革命―参加型の場づくりの技法』岩波書店 p.69 iv

5 教材研究のアイデア

■指導のねらい

　教材研究と聞いてイメージすることは，何でしょうか。最もイメージしやすいのは，教科書教材をどう教えるかということでしょう。この場合，気を付けなければならないことがあります。それは，「教科書を教える」のではなく，「教科書で教える」という視点をもつ必要があるということです。国語界ではよく言われてきたことなので，一度は聞いたことがあると思います。では，具体的に，どういうことが「教科書で教える」ということなのでしょうか。書くことと読むことの領域でアイデアを紹介します。

■具体例
書くことの教材研究

　書くことの教材研究は，主に，学習過程と文章の種類に着目します。学習の過程には，取材，構成，記述，推敲という文章を生成する流れがあることを子どもに理解させるとともに，それぞれの過程の意味を指導します。書くことの単元は，文章を仕上げることだけが目標ではありません。目的や相手等に応じた文章を書くために，どのような材料を集めたり（取材），どのような組み立てをしたり（構成）するか，よりよい文章にするためにどんな点に気を付けて読み返せばよいかということを，どの単元で重点的に指導するかという視点で教材研究をする必要があります。

　また，教科書には，参考となる文例が掲載されています。文章の種類による文章の型や言葉の使い方を指導することも大切ですが，型通りに書くことは必ずしも書くことの力が高まるとは限りません。そこで，学級の実態に応じて教師自身が文例を書いて示すということも必要です。よい文例だけでな

く，不十分な文例を示すことで，どのような文章がよりよい文章なのかを子ども自身が自覚して書くということを可能にします。

読むことの教材研究

　読むことの教材研究は，「文章を覚えるくらい読みなさい」と言われます。しかし，忙しい先生方が教材文の一言一句を覚えることは難しいことです。ですから，指導目標に合わせて押さえるべき言葉や文を明確にしておくことをお薦めします。説明的文章と文学的文章がありますが，このことは読むことの教材研究で共通しています。

　例えば，説明的文章では，押さえるべき言葉や文を明確にするために，段落と文に番号を付けるとよいです。段落に番号を付けることで，文章全体の組み立てを理解できます。また，文に番号を付けることで，各段落の組み立てを理解できます。文に番号を付けることは，要点を見つけたり，要約したりするときにも便利です。授業でも，学級で文番号を共有しておくことで，「○ページの□行目」と言うより「何番の」と言うほうが，素早く見つけられます。また，文と文の関係に着目して読むことにも役に立ちます。

　文学的文章，特に物語文については，本来は作者，書かれた時代，先行研究にも目を通しておきたいところです。だからと言って，教師は教材研究したことを全て授業で見せびらかすものではありません。教師の教材研究発表になってはいけません。教師がその物語について多角的な視点で読むことができると，教師の主観を取り除いて，子どもにとって物語を読む価値が見えてきます。

教師自身がまずやってみること

　領域ごとに説明してきましたが，共通して言えることもあります。それは，子どもと教材と言語活動とが関連しなければなりません。ですから，教師自身が子どもにしてほしいことを実際にやってみるということです。教師自身がやってみて楽しくない学習は，子どもも楽しくないのです。

（成家　雅史）

Chapter 2

領域別・
「交流型」の授業&
言語活動アイデア

❶話すこと・聞くことの授業アイデア

❷書くことの授業アイデア

❸読むことの授業アイデア

❹その他の授業アイデア

1　はん語り
―友達と語ろう―

関連教材：なし
活動時間：1時間〜　準備物：記録用紙など

┃ 活動のねらい

　この活動の大きなねらいは，「子どもたちの普段の活動を支える力」を育てることです。

　そのための具体的な力として，以下の3つをこの活動を通して育てていくことを意識します。

　　　○自らの思いを友達に伝えられる力（話し手）

　　　○友達の話について，自分の考えをもつ力（話し手・聞き手）

　　　○話を聞いて，相手の思いを想像する力（聞き手）

　また，学級経営的なねらいとも重なっていきますが，「友達と話をする楽しさや，聞いてもらう喜び」を感じられる集団づくりも，この活動を通して期待をすることができます。このことは，子どもたちが活動を広げたり，継続させていったりすることの大きな支えとなります。

　学級にいる一人一人の子どもたちは，それぞれの興味関心を心に抱いています。その願いが学級全体に広がると，学級独自の文化や遊びに発展したりします。1人の子どもが始めた遊びが，気が付けば学級内で大流行をしているなんてことは，多くの学級で起こっていることです。

　遊びにとどまらず，その学級の中で核となる活動に発展していくこともあります。もちろんそこには，子どもたちや教師による，その「活動の種」を大きく育てようという働きかけがあります。

　芽生えた活動を支える力となるのは，いかに自分の願いや思いを相手に伝えられるかという話し手の力と，それを受け止める側の力です。互いに納得する結論を出すには，「君のやりたいことって，こういうこと？」と，相手

の思いを汲むことのできる聞き手の存在が欠かせません。

▌活動の手順

　この活動は，学年や活動時期に合わせて取り組み方に工夫をしていきます。ここでは，１年生の２学期に始める場合を想定して，手順の説明をしていきます。

　活動は，３〜５人ほどの生活班で行います。活動の構成は下記の通りです。

　　・生活班ごとに自由にテーマを設けて話をする時間（５分）

　　・話の内容を整理する時間（10分）

　　・報告の時間（30分）

　　　（１つの班が報告をしたら，次の班と教師が報告について感想を言う）

　まず，生活班の中で役割を決めます。

　　①語り手：中心となって話をする。

　　②報告：自分たちがどんな話をしたのかを，全体に報告する。

　　③感想：他の班の報告について感想を言う。

　　（④記録：自分たちの話を記録していく。※子どもの実態に応じて）

　語り手の話を全員で聞いていきます。テーマはその子にまかせますが，子どもの実態に応じて「好きな動物」や「今日，楽しみにしていること」など，教師から提示してあげても構いません。語り手以外の子どもたちは，聞き手となり，相づちをうったり，質問をしたりしていきます。語り手の話題に沿った形なら「私はね〜」と話をつなげても構いません。

　報告をする子は，自分たちがどんな話題について話をしたのか，その中で心に残ったことや，学級のみんなにも教えてあげたいことを中心にして報告をします。報告の前に，班の全員でどんな報告にするのかを相談する時間をとります。

　感想を言う子どもは，自分の前の班の報告について感想を言います。「面白かった」「楽しかった」などで終わるのではなく，具体的に感想を伝えるように指導をします。感想を言う子は，必然的に友達の報告をよく聞くよう

になります。

　④の記録は，実態に応じて役割として設定しておくと，報告についてまとめる際の手助けとなりますし，メモを取ることや話の要点を整理することの練習にもなります。ただ，あくまでも子どもの実態に合わせて，無理に設定する必要はありません。

指導・日常化のポイント

指導のポイント

　まずは，発表会ではなく，「会話」をつなげることを全員に意識をさせます。発表会のように，１人のスピーチが終わってから，質問や感想の時間を設けたり，順番に話をしていったりする形をなるべくとらないようにさせます。最初に，教師と代表の子どもとでやってみせ，「発表」と「会話」の違いを確かめます。

T	今日，面白い夢を見たんだけれど聞いてくれる？
C1	いいよ。どんな夢を見たの？
T	学校にいるんだけれど，ちょっと違うところがあって，教室がいつもより大きくなっていたんだよね。
C2	へ～，どのくらい？
T	２つ分くらいかな。それで，その分机やいすも大きくなっているの。
C3	えー！　じゃあ，先生も大きくなっていたの？
T	いや，先生は同じなんだけど，みんなが大きくなっていたの。
C	えー！

日常化に向けて

　年間を通じて取り組んでいく帯単元としてあつかってもよい活動です。そうすることで，継続的かつ段階的に子どもたちの力を養っていくことができます。

　学校や学級の時間割に応じて，朝の会などのプログラムの１つとして組み込んだり，週に一度の活動としたりすることもできるでしょう。

継続的かつ段階的な活動として位置付けていく
と，「話題の選び方」や「よりよい反応の仕方」，
「適切な報告の仕方」などの技能を磨いていくこ
ともできます。また，「記録」の役割を設定する
ことも視野に入れることができるでしょう。記録

のとり方も，箇条書きのメモから，ウェビングや図にしたもの，ＩＣＴ機器
の活用など幅広く考えることができます。

■ 評価のポイント

　この活動の中で「教師の出」として重点をかけているのが，教師のコメン
ト部分です。これは，子どもたちの報告と感想の両方についての価値付けの
場面です。

　報告であれば，話の中心や自分たちが感じていた面白さが伝わるようにな
っているかがポイントです。感想については，具体性や話題と関連付けた内
容であるかどうかがポイントになります。

　子どもたちの会話をＩＣレコーダーなどで記録することもできますが，こ
の活動は「会話がつながっていること」が大切です。細かな会話の内容の評
価よりも，話をしているときの身振りや目線，聞いているときの様子や語り
手への反応などを中心に見ていくことを意識します。

■ 子どもの作品

　左は箇条書きで書いたもの。記
録に取り組むのであれば，最初は
この形がよいでしょう。右は，ウ
ェビングの形で記録をとったもの
です。慣れるまでに時間がかかり
ますが，話のつながりや広がりが
見えやすくなります。**(福田　淳佑)**

2　学校自慢コマーシャルを作ろう

関連教材：なし

活動時間：10時間　準備物：クライアントからの依頼，コマーシャルを流す機会

活動のねらい

　この活動は，子どもにとってはコマーシャルを作ることが目的ですが，教師のねらいとしては，協働的な活動を通して課題解決を図るという学び方を身に付けるための活動です。

　コマーシャルについては，自分が通う学校の魅力を伝えるので，学級全体で学校の自慢できるところを改めて見つけるという楽しみや母校愛をもたせることにもなり学習意欲が高まります。また，コマーシャルをパワーポイントで作ります。パワーポイントを作成できるＩＣＴ活用の能力が必要ですが，子どもは一度教えると，写真や動画を取りこむことはすぐにできるようになります。パソコンを操作できるようになるということも学びに向かう態度の向上につながります。

　活動の時期は，目的が学校を宣伝することですから，例えば新1年生の保護者会の時期などが適切と考えます。5年生で活動するのであれば，もうすぐ6年生になるという自覚を意識させることになります。6年生で学習するのであれば，小学校生活6年間を振り返る経験になります。

活動の手順

　この活動より前に，パワーポイントで発表する学習を経験しておくとより円滑に活動が進められます。

〈第1時〉クライアントからの依頼を知る。

①クライアント（校長先生にご協力していただくと子どもの意欲が一層高まる）からの依頼映像を見る。（10分）

T 校長先生から，君たちに向けて大事なメッセージがビデオで届いているのですが，観てみますか。

C えー，どんなメッセージかな。

※ビデオ映像を視聴する（台詞は予め準備しておく）。

> 5年〇組のみなさん，元気ですか。今日は，君たちにお願いがあります。今度，4月から1年生になる子どもたちの保護者会があります。保護者の方々は，この学校がどんな学校なのかよく知りたいと思っています。（略）そこで，君たちに〇〇小学校の魅力を伝えるコマーシャルを作ってほしいのです。お願いできますか。

C えー，コマーシャルなんてできるかな。

②クライアント（校長先生）の依頼を確認する。（5分）

T 校長先生は，君たちにどんなメッセージを送ってきたかな。

C 学校の魅力をコマーシャルにしてほしいって言っていました。

C 来年の4月に入学する1年生の保護者に見せたいって言っていました。

T 君たちにできるかな。

③学校の魅力を出し合う。（20分）

〈例〉校庭が広い，本がたくさんある，自然が多い，給食がおいしい等

④どんなコマーシャルにするか考える。（10分）

T たくさん学校の魅力が出ましたね。これらの魅力をどういう方法でコマーシャルにしたら，保護者の人たちに分かりやすく伝わるかな。

※事前にパワーポイントを作成する学習をしておくと，パワーポイントを使って作成したいという意見が出る。

〈第2時〉コマーシャル全体のコンセプトを話し合い，担当を決める。

※コンセプトは，コマーシャルの中心的な考えというように説明する。

〈例〉「友達と絆を深め成長する6年間」，「楽しく学べる〇〇小学校」等

〈第3時〉公共広告機構や学校紹介ビデオ等を視聴して，強調して宣伝する方法を確認する。

〈第4時〉構想の時間。コマーシャルの内容を構想する。

グループごとに，どのような場面を写真にしたり動画にしたりするのか話し合う。この時間以降が，グループでの協働的な課題解決の場面になる。

①初めに，本時は構想段階であるため，それぞれのグループでどのような言葉や写真・動画があればよいかを話し合う時間であることを共通確認する。

②右図のような，話し合いの過程が見えるように，まず，ピンク紙にやりたいことを書き，次に，作業として可能なこととして水色紙にできることを書き，黄色紙に決まったことを書くという段階を踏んで話し合うことを確認した。

ピンク紙 やりたいこと	水色紙 できること
黄色紙　決まったこと	

③グループで話し合いを進めるとコンセプトを意識することがなくなる場合があるため，机間指導しながら，やりたいこととコンセプトの相関を考えるように助言する。

〈第5～7時〉取材，編集をする。

〈第8時〉他グループと相互に見合い，よい点を認め合い，改善点を助言し合う。

〈第9時〉改善点を修正する。

〈第10時〉全員でコマーシャルを視聴して，振り返る。

コマーシャル映像の例

■ 指導・日常化のポイント

指導のポイント

　グループで協働的にコマーシャルを作ることを通して，協働的に課題を解決していくことの能力を高めることをねらった活動ですので，指導のポイントは，話し合いの仕方にあります。話し合いの仕方では，話し合いの型を指導するのではなく，3つの観点を予め示しておき，毎時間振り返りをして積み上げていくという方法を採ります。3つの観点は，情意面，技能面，認知

面の３つの側面です。詳しくは，振り返りシートをご参照ください。

日常化に向けて

　グループで協働的に課題を解決するときには，上の３つの観点をグループ全体で振り返るようにします。例えば，各項目３点を満点として得点化します。得点の高いグループに，どのような話し合いだったのかを発表してもらい，他のグループにも課題解決をやりやすくなる話し合いの仕方を徐々に身に付けてもらいます。

評価のポイント

　グループ内の自己評価のため，自分に厳しいグループとそうでないグループがあります。同時に，課題の解決に向けた話し合いで決まったことの内容があります。教師は，内容に目を向けて評価をします。理由は，机間指導で回るために，話し合いの細部までは，録音用のレコーダー等の機器がある場合を除き難しいからです。内容を評価するために，決まったことは必ず記録させるようにします。

振り返りシート

「〇〇小のコマーシャルを作ろう」学習感想シート（　月　日） 左の欄について自分の達成度を右の数字に表しましょう。番号に〇をつけます。 ３…よくできた　２…できた　１…できなかった　（名前　　　　　　　　　）	
①話し合いに参加した人とお互いの考え方の理解を深めたり，人間関係を深めたりすることができたか。	３　・　２　・　１
②問題を解決するために積極的に会話をつないで話し合いを進めることができたか。	３　・　２　・　１
③小金井小の魅力をコマーシャルにすることについて，内容を深められるような話し合いだったか。	３　・　２　・　１
記述	

　３つの観点と記述欄があります。３つの観点は点数をつけます。初めの頃はどういう根拠で１にしたのか，３にしたのかを発表させて，適切に自己評価できるようにしていきます。

（成家　雅史）

3　ファシリテーターを設定した話し合い活動

関連教材：なし
活動時間：3時間～　準備物：ファシリテーターお助けカード

▌活動のねらい

　ファシリテーターとは，ある活動を中心となって進めていく役割を担う人物のことを指します。ファシリテーターの役割は，誰でも考えを述べることができるという雰囲気をつくることもあり，ファシリテーターの子どもが中心になって，主体的・対話的に問題解決を図ることがねらいとなります。

　活動時期は，5年生の初めから展開していくことが望ましいです。理由としては，学級の雰囲気づくりにもつながるからです。高学年になり，クラス替えもあったことで，グループでの話し合いでも発言が出なくなったり，話し合いが深まらなかったりすることがあるので，話し合いはみんなで意見を出し合って考えを深めるものであるということを認識させることができます。

▌活動の手順

　特に，教科書教材はなくても話題を設定して話し合うことができます。国語科の学習にとらわれずに，話し合いの必要性があり解決しなければならない話題がいいと思います。

①まず，子どもたちが「やりたい！」と思う活動を決める。条件としては，グループで取り組める活動，活動時間等を出す。

※本単元では，「ショート映画作り」という単元で，ファシリテーターを設定した場合について紹介する。

②活動が決まったら，グループのファシリテーターを選出する。

※ファシリテーターを初めて設定する場合の活動手順を示す。

　T　それでは，「ショート映画作り」の活動を，自分たちで進めるために，

ファシリテーターという役割を選びます。

C　ファシリテーターって，どんな役割ですか。

T　４年生までで，司会という役割は知っていますね。司会と似ているのですが，少し違うところがあります。

　ファシリテーターの大切な役割は３つあります。１つめは，グループで話し合ったり作ったりする活動を，グループの人がみんな参加できるように雰囲気をつくらなければなりません。だから，グループの一人一人が活動中に，どんなことを考えているのかなって気を付けて見ていくことが大切です。２つめは，グループの人達同士が関わり合うようにしなければなりません。活動が終わったときに，グループの人達が仲よくなっていることが大切です。３つめは，ゴールに向かって活動を進めていくことです。みんながやりたいと言って決めた「ショート映画作り」には，こういうことができるファシリテーターが必要です。誰かできる人はいますか。

C　難しそうだな。

C　先生，僕にもできますか。

T　もちろん，誰にだってできますよ。周りのみんなが協力してくれると思いますからね。

③ファシリテーターが，自分のグループのメンバーを選出する。

④ファシリテーター役の子どもは「お助けカード」を基に，活動を始める。

①全員参加　…問いかける，聞き返す
「〇〇さんは，どう思う」「□□について，どう思う」
「△△さんの言っていることって，こういうことかな」
②関わり合い…つなぐ
「〇〇さんと△△さんの意見はここが同じだね」（反対も）
③目的達成　…まとめる
「みんなの言っていることをまとめると，〜」
「Aにはこういうよさがあって，Bにはこういうよさがあって」

お助けカードの例

指導・日常化のポイント

指導のポイント

　グループ等の小集団で話し合うときには，司会を設けることがあります。ファシリテーターと司会の違いは，司会は話し合いを進行するという役割が大きいですが，ファシリテーターは共に考え，話し合いを活性化する役割が大きいと子どもに認識させることが必要です。この差異を子どもが認識するために，「お助けカード」のように事前にポイントを示しておき，ファシリテーター自身に自己評価させます。また，各グループのメンバーにも他己評価してもらいます。これを繰り返していくと，自分や友達のファシリテーターの役割についての認識が変化していきます。

　また，ファシリテーターを設定して話し合いやグループ活動をしていく中での振り返りを丁寧にしていくことが肝要です。振り返りによって，うまくグループが機能しているところと自分たちのグループを比べると，互いの意見を尊重し合うことによって，活動が推進していくことを理解していきます。

　ファシリテーターは，一応立候補で募りますが，実は推薦の方がよいのです。

　理由は，子どもが自分たちで推薦したファシリテーターには，必然的に協力しようと思うからです。ファシリテーターに選ばれたら，授業時間外で，ファシリテーター自らが自分のグループのメンバーを決めます。当然，仲のよい友達を選ぶこともありますが，グループ内の人数は男女同数を目安とする等，学級に応じたルールを設定しておくとよいです。

日常化に向けて

　様々な活動で，ファシリテーターを設定した活動を行うことが望ましいです。また，色々な人がファシリテーターに推薦されるような学習環境をデザインすることが，ファシリテーターを育てることになり，ひいては，グループで物事を進めたり，問題を解決したりする力が高まります。

〈例〉

・物語をグループの話し合い中心に読んでいく学習

・パネルディスカッション等，課題別集団討議のような学習

　基本的には，ファシリテーター1人を評価の対象にはしません。ファシリテーターは，あくまでもグループの一員であり，グループ活動を促進する役割ですから，グループを評価の対象とします。グループは概ね次の3つの観点で評価します。それぞれの項目を1・2・3の数値で自己評価して積み上げていくことも，子ども自らが変容に気付く評価になると考えています。

〈評価の観点〉
①全員参加できたか。
②グループのメンバーと活動前よりも仲よくなったか。
③目的は達成できたか。

　繰り返しになりますが，グループ活動で大切なことは，ファシリテーターのファシリテーション能力を高めることもありますが，それ以上にグループで主体的・対話的に活動する協働的な学習態度を育てていくことにあります。

■ 子どもへのインタビュー内容

ファシリテーターの役割認識調査

　次の3つの項目について，ファシリテーター役の子どもとグループの他の子どもにインタビューをします。

ア．ファシリテーターとして最も機能したのは，どんな学習場面か。
イ．ファシリテーターと司会のちがいをどのように感じたか。
ウ．①「問いかける・聞き返す」②「つなぐ」③「まとめる」の中で，一番務められた役割は何か。

（成家　雅史）

4　わたしたちの　のはらむらをつくろう

関連教材：みじかい言葉で（教出2年下）
活動時間：6時間～　準備物：工藤直子『のはらうた』

■ 活動のねらい

　この活動では，子どもたちが身の回りの自然に向け，身近なものになりきって感じたり，見つけたりしたことを詩で表現することをねらっています。その場づくりとして，工藤直子さんの『のはらうた』を活用します。

　詩を作る上で重視するのは，表現の吟味された一編の詩を書くことではなく，なるべくたくさんの詩を作ること，すなわち多作です。

　よりよい詩を作るために子どもたちに必要なものは，どれだけ多くの詩を読んできたかという経験と，なるべく多くの詩を書くという場です。詩に限らず，充実したアウトプットに豊富なインプットは欠かせません。その点で，『のはらうた』は子どもたちに親しみやすいということだけではなく，多くの作品があることでも，教材として適しています。

　「のはらむら」という1つの世界ができあがっているので，子どもたちが自分たちで想像の世界をつくりだし，その中の住人となるきっかけとすることができます。自分たちの学校をその舞台とすることで，その世界はより身近となります。そしてそこにはどんな住人がいそうか，自分だったらどの住人になりたいかと，実際の場を基にして想像を膨らませていくことができます。

■ 活動の手順

　『のはらうた』の中から子どもたちが興味をもちそうな作品をいくつか紹介します。子どもたちが親しみをもちやすい住人の作品や「誰が書いた詩でしょう」とクイズになりそうな作品などです。

　詩をいくつか紹介したあとに，「のはらむらマップ」を子どもたちに提示して，そこの住人たちが書いた詩であることを伝えます。拡大したものを掲示して，むらにあるものや，住人などについて子どもたちにできるだけ多くの発見をさせましょう。そこから「私たちも○○（学校の名前など）むらをつくってみましょう」と声かけをします。実際に学校を探検して，どんなものがあるのか，どんな住人がいそうかを考えます。

　なりきる住人を決めたなら，普段自分はどこにいて，どんなことが好きなのかなどを考えて，まずは「自己紹介の詩」を作ってみます。『のはらうた』にも同様の形の作品があるので，参考になります。

　自分がなりきっている住人が住んでいるところや好きな場所に行って詩を書きにいきます。

　そこで感じたことや見つけたことを材として詩を作っていきます。多作を重視しているので，そのための声かけをします。作品を完成させることにもこだわらせなくてよいでしょう。

　なりきる住人も，１人だけではなく何人になってもよいとすれば，子どもたちは視点を変えて詩作にのぞむことができます。

　書き上げた詩は，友達同士で読み合い，感想を交流します。表現の巧みさよりも，「住人らしさ」や「その場所の様子」などを交流の視点として示します。

　詩ができあがったら，「わたしたちののはらうた」として，詩集にまとめるのもよいでしょう。

指導のポイント

　詩を作る際になかなか書き始めることのできない子どもには，対話を通して書くための材となるものを引き出します。「どんなことが好きなのか」「その場所からはどんなものが見えそうなのか」「近くにはだれがいるのか」「仲よしの住人はだれなのか」などの質問をきっかけにしていきます。

　『のはらうた』の中から，自分が参考にしたいと思う作品を，予め選ばせておくのも1つです。その詩が子どもにとってのモデルとなるからです。

日常化に向けて

　自分たちの「のはらむらマップ」を日常的に学級に掲示しておきます。そのマップには，その住人になりきった子どもの写真やイラストを貼っておきます。その際に，テープで貼り付けてしまうのではなく，画鋲など，取り外しが比較的容易なものを使います。そうすることで，子どもたちがその日の気分によって「自分」がいる場所を変えることができるからです。「普段はプールの近くにいるけれど，今日は○○の家に行ってみよう」といったように。そこにあることが日常になっていくと，子どもたちは友達を住人の名前で呼んだりし始めます。

　日常となっていくと，国語以外の学習でもこの世界観がつながっていきます。自分たちのむらの住人になりきって劇や音楽会を開いたり，むらにまつわる工作をしたり，絵を描いたりすることも考えられます。

　むらも一度つくったら完成ではなく，随時更新していくことできるようにしておきます。お店がほしいと思ったならば，自分で作ってもかまわないのです。

　どんどん発展していくむらを見ることは，子どもたちにとって次の活動にむかう原動力となっていきます。

　子どもの書いた作品の表現よりも内容に着目をして評価をしていきます。その場に行って感じたり，見つけたりしたことが書かれているか。その住人らしさが表れているか。そういった部分に注目をしていきましょう。

　今回は多作もねらいですから，数的な部分での評価もして，子どもの活動を積極的に認めていきます。

■ 子どもの作品

こねこさん

　　　　こねこ　しょうた

こねこがあるいていると
そらから
いちょうが　ふってきた

ぼくには　ふしぎにみえた
たいようと
かさなってみえたから

ちかくに
いちょうの木がなかったから

風のおうち

　　　　かぜ　まりこ

わたしの家があります
小さい家です
プールえきのそばにあります
ときどき　家がありません
用があったら
さがしてください
小さなまどが一つあって
茶色のやね　水色のかべ
みどりのドアです
用があったら
ドア上のベルを
リンとならしてください
出なかったら
またきてください

（福田　淳佑）

5　なぞとき招待状

関連教材：なし
活動時間：1時間×6　準備物：なし

■ 活動のねらい

　2年生になると，どの学校でも，生活科で1年生を学校探検に連れて行く活動があると思います。この実践は，年間計画で決まっているからということではなく，1年生が必然性をもって学校探検に行きたいと思えるような招待状を2年生が書いて渡すことを目的としています。そうすることで2年生にとっても相手意識・目的意識のある簡単な招待状の書き方や愛校心なども身に付くでしょう。

■ 活動の手順

①教師の書いたモデル文を読み，その場所を当てるなどして，学習課題を理解する。

　T　みんなは1年間この学校に通って，お気に入りの場所はできた？

　C　屋上！　景色がいいもん。

　C　私は校庭のブランコ。楽しいよね。

　C　僕は色々な楽器がある音楽室。

　T　色々あるね。実は，先生もお気に入りの場所があるんだけど，普通に教えるのはつまらないからこんなのを書いてきたよ（モデル文を見せる）。

　C　あ，図書室でしょ！

　T　じゃあ，正解を発表します。正解は，図書室でした。

　C　やった！　絶対そうだと思った。

　T　みんな，どうして分かったの？

C　だって，色々なことが調べられる場所って，図書室でしょ。

C　最初はパソコン室かなって思ったけど，１階っていうので分かったよ。

C　外には体育館や給食室も見えるっていうのもヒントになったね。

T　普通にお気に入りの場所はここだよって教えるのと，今みたいになぞとき招待状を読んで当てるのとどっちが面白かった？

C　なぞとき招待状！

C　私も書いてみたい！

T　書いてみたいっていう人がいるんだけど，みんなはどう？

C　書きたい！

T　じゃあなぞとき招待状を書いて１年生に渡そう。そして，今度の学校探検のときにそのお気に入りの場所や色々な所を案内してあげよう！

②お気に入りの場所で経験したことや様子・思いを取材メモに書く。

③取材メモを基に，なぞとき招待状の下書きを書く。

T　今日は，取材メモを基に，下書きを書くよ。その前に，先生が書いたなぞとき招待状をもう一度見てみて。大きな３つのまとまりでできているのが分かるかな。

C　うん。「始め・中・終わり」だ！

T　そうだね。下書きを書くときに，「始め・中・終わり」にどんなことを書けばいいのか考えながら書いてごらん。

④書いたなぞとき招待状を自分で読み返すとともに，友達同士で読み合って実際に学校探検をし，お互いのなぞとき招待状のよいところやさらによくなるところを伝え合う。

⑤前時の友達の助言を生かして下書きを直し，なぞとき招待状を清書する。

⑥様々な友達とお互いのなぞとき招待状を読み合い，実際にその場所へ行った上で，感想を伝え合う。

※課外で１年生になぞとき招待状を渡す。

指導・日常化のポイント

他教科との関連（カリキュラム・マネジメント）

　生活科の学校探検と関連付けて学習を進めていきます。1年生が学校探検をする前に，2年生からお気に入りの場所に連れて行ってあげるという内容の招待状を書いて渡してあげると1年生は大喜びします。さらに，その招待状がお気に入りの場所を伏せた「なぞとき招待状」になっているので，より興味・関心が高まり，学校探検に行く必然性が生まれます。2年生にとっては，文章だけで相手をお気に入りの場所まで招待することができるかという課題によって，「書いてみたい」という意欲をもって学習に臨むことができます。

　また，推敲・交流の段階では友達同士が招待状を読み合い，書かれた文章を手掛かりに実際にお気に入りの場所へ辿り着くことができるかどうかを確かめます。それにより，自分が書いた文章・友達が書いた文章をよりよいものへと吟味したり，その場所のよさを体感したりすることができるでしょう。このような，実感を伴った自己評価や相互評価が低学年においては最も重要なことであると考えます。

評価のポイント

　第1時間目は，1年生に自分のお気に入りの場所を知ってもらい，学校探検に連れて行きたいという意欲をもっているかどうかを評価します。第2時間目は，学校探検を基に，自分のお気に入りの場所を決め，そこで経験したことを思い出しながら必要な事柄を集めているか取材メモで評価します。第3時間目は，事柄の順序に沿って，始め・中・終わりの構成を意識して書いているか下書きで評価します。第4時間目は，実際にお気に入りの場所に行って，その場所での経験を思い出しながら文章を読み直し，必要があれば書き直したり書き加えたりしているかを評価します。第5時間目は，助詞の「は」「に」「を」や句読点を文章の中で正しく使っているか清書で評価します。第6時間目は，お互いのなぞとき招待状を読んで実際にお気に入りの場

所に行き，その場所のよさを味わい感想を伝え合っているかを交流している様子を観察して評価します。

■ワークシート例

　右上の写真は，取材メモのワークシートです。実際にその場所に行って，取材メモを書くようにすると詳しく書けます。また，目のマーク＝見たこと，ハートマーク＝思ったことなどマークを使うことで諸感覚を使って取材ができます。

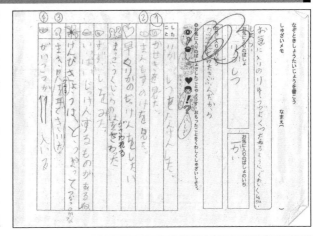

　右下の写真は，子どもが書いた文章です。相手意識をもって書いているので，１年生に対して全てひらがなで書いているのが分かります。

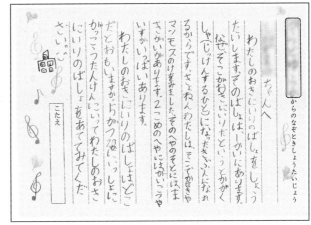

（筧　理沙子）

6 タイムスリップ作文

関連教材：なし
活動時間：1時間×7　準備物：記念誌，学校の昔の写真，付箋

▌活動のねらい

　3年生は，これまでに低学年で学校探検を行い，学校にある様々な教室や設備の様子などを知る学習に取り組んできています。そして，社会科の学習では，地域の町探検を行い地域の様子を調べたり，古くから残る暮らしに関わる道具やそれらを使っていたころの暮らしの様子を調べたりしています。そこで，本実践では学校の昔の様子やその時代の子どもたちの様子について取材し，事実を基に創作文を書くことを目的としています。その時代にタイムスリップして創作文を書くことは，子どもたちの書く意欲を高め，主体的に学習に取り組ませることができます。学校の歴史という身近な題材を基に想像を膨らませたり，疑問に思ったことを調べたり，分かりやすく説明したりすることのできる，創作，報告，説明の要素を合わせもつ実践です。

▌活動の手順

①記念誌や昔の学校の写真を見ながら学校の歴史を振り返る。教師が書いたモデル文を読み，学習の見通しをもつ。

②自分がタイムスリップしたい時代や場所を決め，タイムスリップ作文を書くために必要な事柄を考える。

③調べたことや想像したことを取材メモに書き，その中から書こうとすることの中心を決める。

④取材した内容を取捨選択し，構成を考える。

　T　前回の授業では，取材メモを書きましたね。今日は，伝えたい昔の様子が読み手に分かる構成メモを書きます。

C　どうやって構成メモを書けばいいのかな？

T　先生が書いたモデル文で構成メモの書き方を確認しましょう。冒頭部
　　（始め）にはどんなことを書いていますか？

C　タイムスリップする前のことが書いてある！

T　そうだね。じゃあ，展開部（中）は？

C　タイムスリップ中のことが書いてあります。

C　自分がその場所にいるみたいに書かないといけないね。

C　そっか。その場所で誰と会ってどんな話をするのか写真を見ながらも
　　う一度想像してみよう。

T　じゃあ，終結部（終わり）には？

C　タイムスリップが終わった後のこと。

T　今，みんなが発表してくれたみたいな構成になるように，取材メモか
　　ら必要な事柄を選んで，構成メモに並べていきましょう。もし，取材
　　メモが足りないなと思ったら写真を見て付箋を増やしていいですよ。
　　もし早く構成メモができたら，伝えたい昔の様子が伝わるような構成
　　になっているか自分で読み返したり，友達と交流したりして確認して
　　みましょう。

⑤構成メモを基に，下書きを書く。

⑥推敲して清書する。

⑦完成したタイムスリップ作文を読み合い，感想を伝え合う。

※課外で地域の方や保護者に読んでもらい，感想をもらう。

指導・日常化のポイント

教師のモデル文

　単元のゴールイメージを明確にもてるように，単元の導入で教師が書いた
モデル文を提示するとよいでしょう。また，教師自身が実際に子どもたちに
書かせたい文章のイメージを書いてみることで，子どもたちがどんなところ
でつまずきそうか，どんな支援をしたらいいのかがはっきりしてきます。

校しゃがない？！

覓理沙子

　小金井小学校は、二〇一〇年に百しゅう年をむかえました。そこで、百年間の小金井小の様子を調べてみました。私はしょう和三十四年ころの小金井小へタイムスリップします。

　今、入学式をしているところにとうしました。なんだかずいぶん子どもの人数が少ないです。先生の数も少ないし、校しゃも今とはちがうような気がします。近くにいる先生に話を聞いてみましょう。

　「こんにちは。入学式をしていますが、人数や場所を教えてください」

　「小金井小学校は、もともと豊島小学校と道分小学校という二つの小学校が合わさってできた小学校で、今日は小金井小学校として初めての入学式です。一年生二クラス七十九名が入学し、先生は六人です。校しゃもまだなく、となりの小金井中学校の校しゃをかりています。九月に新校しゃが完成する予定です」

　「そうだったんですね。入学おめでとうございます。ありがとうございました」

　まだこの頃小金井小の校舎はできていなかったことが分かりました。先生の数も六人しかいなかったので、運動会では教育実習生が大活躍していたそうです。

　わたしがタイムスリップしたのはしょう和三十四年の小金井小でした。このころできた校しゃは、今の東がわの校しゃだそうです。そんな昔からある校しゃをこれからも大切にしていきたいです。

第１時間目は，学校の昔の様子に興味をもち，学習の見通しをもてているかを評価します。第２時間目は，自分がタイムスリップしたい時代や場所を考えているかを評価します。第３時間目は，学校の昔の様子について調べ，必要な情報を集めているか取材メモで評価します。第４時間目は，取材メモの中から書こうとすることの中心が読み手に分かるように，必要な事柄を選び，文章の構成を考えているか構成メモで評価します。第５時間目は，構成メモを基にタイムスリップ作文を書いているか下書きで評価します。第６時間目は，文章を読み返し，間違いを正したり，よりよい表現に書き直したりしているか，句読点を適切に打ち，段落の始め，会話の部分などの必要な箇所は行を改めて書いているか清書で評価します。第７時間目は，友達の文章を読んで，伝えたい昔の様子の明確さなどについて，意見を述べ合っているか評価します。

ワークシート例

右は，取材メモのワークシートです。構成のときに動かせるように１つの事柄に対して１つの付箋に書いて貼っていくようにします。

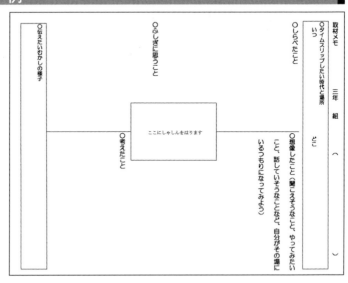

（筧　理沙子）

7　なりきり作文
―現代の漱石大賞をめざそう―

関連教材：なし
活動時間：３時間～　準備物：夏目漱石「自転車日記」など

▌ 活動のねらい

　この活動は，文語調の文章を読んだり，その言葉の響きを味わったりして，文語調の文章への親しみや興味関心を高めることがねらいです。親しむことがねらいなので，子どもたちと楽しみながら活動に取り組んでいきます。

　文語で書かれた文章を読み，そこで使われている表現を使って，簡単な文章を書く活動を通して，ねらいにせまっていきます。

　文語は，古語ほど現代の言葉との差異はありませんから，高学年の子どもたちであれば，大体の内容を理解することができますし，その表現のもつ魅力や面白さを感じることができるでしょう。

　今回は，夏目漱石の書いた「自転車日記」という作品を使った活動を紹介します。夏目漱石という名前は子どもたちにとってなじみがありますし，作品を読んだことがなくても，「吾輩は猫である」「坊ちゃん」などの題名を聞いたことがある子どもがほとんどです。その漱石がロンドン留学中に，自転車に乗る練習をする様子を書いたのが「自転車日記」です。

　夏目漱石という，子どもたちにとっての偉人が，自転車に乗るために悪戦苦闘する様子を，過剰な表現を使って書いたこの作品は，子どもたちの興味を引くに十分な教材となります。その中にある表現は，子どもたちの日常でも使えるものが多くあります。冒頭にある漱石が初めて自転車練習をしている一場面を取り上げて，教材とします。「自転車日記」は，学校図書館にある児童書にも収録されていますし，インターネットなどで目にすることも可能な作品です。

　「現代の漱石大賞」と銘打って学級内コンクールを開くなどして，漱石に

なりきった文章を書きたくなるような雰囲気をつくります。

活動の手順

　まずは夏目漱石について子どもたちの興味を引く導入をします。漱石の有名な作品をいくつか挙げて作者を当てるクイズをしたり，昔の千円札などを見せたりしていきます。

　その後，「漱石ならこう書く」クイズをします。

T　知り合いの人の言葉を，漱石はこのように表現をしています。「知己の語」。

　　　では，転んでしまったときの様子をみんなならどう表現するかな。

C　「どてっ」かな。

C　「ごろん」とか。

T　漱石はこう書きます。「ずんでん堂」。

C　ものすごく派手に転んでいる感じがする。

T　次に，これまでとか，今までという長い時間を表現するならどうかな。

C　やっぱり，「今まで」とかかな。あとは，「今日まで」とか。

C　「生まれたときから」。

T　漱石はこう書きます。「その昔本国にあって時めきし時代より天涯万<ruby>里<rt>り</rt></ruby><ruby>孤城落日<rt>こじょうらくじつ</rt></ruby><ruby>資<rt>し</rt></ruby><ruby>金窮乏<rt>きんきゅうぼう</rt></ruby>の今日に至るまで」。

C　すごい，大げさな表現だ。

　子どもたちと漱石の表現に触れた後に，「自転車日記」という作品の中で，漱石が自転車の練習をしている場面に使われている言葉であることを伝えます。作品の一部を子どもに配布し，これらの表現を使って文章を書くことを提案して，活動に入っていきます。

　文章を書く前に，表現が使えそうな場面を全体で考えます。これは，題材が思いつかないという子どもの支援にもなります。

　文章は長くなくてもよく，1文でも構わないことを伝えます。その代わりに，様々な場面で書いてみるなど，多作を促すようにします。

書き終わったら，コンテストなど，お互いの文章を読み合う場をつくります。

指導のポイント

まずは，どの表現を使いたいと思ったのかを聞いて，意味や用法を必要に応じて子どもには指導をします。予め，言葉の意味を書いたプリントを配布して子どもがどんな場面でその表現を使おうとしているのかを聞いて，適切かどうかについての指導もしていきます。言葉を扱う活動ですから，表現の使い方に関する正誤はきちんと指導をしていきます。

最初は1つの表現を使った1文づくりから取り組ませていくなど，子どもの実態に応じた指導を工夫していきます。1つの表現を使ったら，別の表現に取り組ませていきます。慣れてきた様子があったら，1つの文章に複数の表現を使ってみることに挑戦をさせていきます。

実際の出来事でなくても，その表現に合う場面であれば，創作も認めていきます。

文語表現に親しむことがねらいなので，文章を書くということが子どもにとっての壁とならないようにしていきます。

日常化に向けて

この活動をきっかけとして，文語調で書かれた作品への興味関心を高めていきます。学校図書館にある本を紹介したり，教室に学級文庫として置いたりします。

夏目漱石以外の作家の作品で同様の活動を行ったり，日記などで文語表現に挑戦させたりして，文語で書かれた作品への抵抗感を減らしていきます。

これらの作品や，作者について知っておくことは，中学校以降の学習でも役に立ちます。教養として知っておいてもよいでしょう。

■ 評価のポイント

文語表現を使おうという意欲を認めていきます。使ってみたい言葉やどんなところに面白さを感じたのかを，対話や学習感想を通して見ていきます。また，書いた文章の量も認めていきます。

言葉については，使っている表現と場面の適切さを評価します。1つの文章の中に，複数の文語表現を使っていることも評価の視点とします。

■ 子どもの作品

この子どもの作品は学級で「現代によみがえった漱石大賞」に選ばれました。漱石の表現（傍線部）を3つ使っています。

また，それ以外にも，「我」「なり」などの言い回しを用いているところが学級で評価をされました。

運動会の徒競走。走る前の頼もしい姿と，1位になれなかったくやしさを漱石の表現をうまく生かしながら表現しています。

次の子どもの作品も大賞に選ばれました。漱石の表現をよく使っていますし，波線部は漱石の表現を自分なりにアレンジしています。

普段の日記としても書かれそうな場面にうまく文語表現をとけこませています。

> 我、運動会の徒競走にて、顧眄勇を示し、運動場に立つものなり。走る姿はあっぱれ武者ぶりなり。しかし、惜しくも首位となれず、ああ、吾事休矣。

> 「のせてみなって」なんて姉の語にあらず。かまれて以来トラウマになったねずみを手にのせろと？　あまり無慈悲なる言葉。のせてみて、案の定かまれる。大笑いの姉。もちろん私はふざけるなと怒髪鳥打帽を衝て姉にとびかかった。（負けました）

(福田　淳佑)

8　解釈文を書こう
―金子みすゞ学級選詩集―

関連教材：みすゞさがしの旅――みんなちがって，みんないい（教出5年下）
活動時間：8時間〜　準備物：金子みすゞの作品集など

▌活動のねらい

　この活動では，作品について感想や解説にとどまらず，その作品から思い起こされる自身の体験や自分にとっての作品の価値を書き表した文章のことを，「解釈文」と呼びます。「解釈文」を書くためには，作品についての深い読みと自身の体験や普段考えていることと作品とを照らし合わせることが必要になります。

　学習指導要領解説では，詩を読む活動は中学年で示されていて，高学年での詩の扱いは，「書くこと」の言語活動例で示されているのみです。けれども，高学年の子どもたちだからこそ，味わえる詩のよさがあります。

　詩は文学作品の中でもとくに短い文章で，その中には作者の思いが凝縮されています。つまり，詩の中で用いられている言葉は吟味に吟味を重ねられた上で，作品上に存在しているのです。

　作品に書かれている言葉について考えるだけではなく，自分自身の経験と比べることや，作者が作品にこめた思いを考えることなど，高学年になったからこそ気付ける作品の価値もあります。金子みすゞの詩には，その作品世界だけを読み味わうよさだけではなく，読み手の体験や経験と結び付けて読み味わえるよさがあります。

　言語活動としては「書くこと」ですが，そのねらいは，これまで以上に深く詩を読み味わい，作品にこめられた作者の思いにせまることにあります。

　子どもたちは，金子みすゞという詩人のことを「優しい」という言葉で言い表すことが多いです。しかし作品にはみすゞの悲しさやつらさが表現されているものもあります。悲しさやつらさを知っているからこその「優しさ」

に，金子みすゞ作品を子どもと出合わせる価値の１つがあります。

　金子みすゞの「大漁」を読んで感想を交流します。その後に「みすゞさがしの旅——みんなちがって，みんないい」を読み，筆者の矢崎節夫氏が，この作品をどのように解釈したのかを知ります。教材文や矢崎氏の書籍を読みながら，矢崎氏の金子みすゞ作品への強い思いがどこから来るものなのかを考えながら学習を進めていきます。

　教材文の学習を終えたら，自分なりの金子みすゞ作品への考えをもつ段階に入っていきます。様々な金子みすゞの作品を読む時間をとります。

　ある程度，金子みすゞに対する自分の考えを子どもがもつことができたら，全体で１つの作品を読みます。ここでは金子みすゞ自身の悲しみやつらさを感じられる作品を選びます。例えば「箱庭」という作品があります。これは，自分が作った箱庭を母親に見てもらいたいのですが，母親は忙しくしていてとても見てもらえそうにないと思った幼いみすゞが，結局は自分で箱庭を壊してしまうという，みすゞの悲しさや寂しさを感じられる作品です。

　グループでも，金子みすゞに対する考えを交流します。

　そして，解釈文を書く活動と，学級選詩集づくりに取り組みます。詩集に入れる作品は一人一遍とします。友達と同じものを選んでも構いませんが，自分にとって思い入れのある作品を選ぶように声かけをします。

　選詩集の作成に当たっては，２段組みの原稿用紙を用意します。上段には自分が選んだ詩を書きます。下段に解釈文を書きます。解釈文は200字程度の分量にします。

　解釈文を書くときには，詩の解説や説明ばかりにならないように声かけをして，自分の考えや自分にとっての作品の価値を文章の中心とするように意識をさせます。

選詩集が完成をしたら，お互いに読み合って，感想を交流します。

■ 指導・日常化のポイント

指導のポイント

「解釈文」を書くにあたって，子どもに明確なイメージをもたせる指導が必要です。子どもにはモデルを提示します。矢崎節夫氏の『みすゞコスモス─わが内なる宇宙（ＪＵＬＡ出版局)』という著書にある文章を読ませるのも手立てとなります。この文章は，作品の解説にとどまらず，作品から喚起された矢崎氏の思いや体験がつづられた「解釈文」となっています。

解釈文の下書きでは，子どもたちが作品のどの部分から思いや体験を思い起こしているかを確かめていきます。子どもが注目していないけれど，教師として注目してほしい表現があれば，コメントなどで示すこともします。子どもの読みを否定するような指導は避けなければいけませんが，子どもの読みを広げたり深めたりするような指導は必要です。その際には，「○○というところから，先生は～のように感じました」といったコメントを加えます。

推敲場面では，自分の思いや体験がきちんと書かれているかを友達にも読んでもらいながら確かめさせます。相手の下書きの「ここに思いが書かれている」と感じた部分に付箋を貼るなど，自分と友達との間の齟齬を視覚化させます。

日常化に向けて

金子みすゞに限らず，様々な詩人の詩集を用意して置いたり，特定のテーマに沿って作られた詩集を置いたりします。そうすると，その中から好きな詩人を選んで，その詩人の選詩集を作るという活動ができます。

ワープロを使うと，文字の大きさや形，色を自由にかえて詩を書くことができます。詩の雰囲気や内容に合わせて工夫をさせると，また違った形で詩を楽しむことができます。

国語の授業でしか詩を読まないという子どももいます。だからこそ，詩が身近にある環境づくりをしていく必要があります。

金子みすゞやその作品に対する自分の考えを明確にして,「解釈文」を書いていることが評価のポイントとなります。漠然とした感情ではなく,具体的なエピソードが書かれていたり,金子みすゞが作品にこめた思いを想像したりしていることが,考えを明確にしているという評価になります。

金子みすゞ作品をどのように捉えてきたのかという,「解釈文」を書く前の学びもきちんと評価をします。「解釈文」はあくまでも,詩を読んで考えたことを表現するための手段だからです。

子どもの作品

繭と墓

金子みすゞ

金子みすゞさんは「まゆと墓」の共通点を最初に言っています。最後にはこの二つの意味の大きな違いを言っていて,墓は悲しい暗闇ですが,まゆはうれしい暗闇で,その大きな価値の違いがよく分かります。

ぼくは暗い穴に入ったことがあります。その時は,出られるか不安でこわかったです。みすゞさんは暗いのがあまり好きではないのかもしれません。

ぼくがみすゞさんの詩「まゆと墓」で好きな場所は,「そしていい子は 羽が生え,天使になって 飛べるのよ」です。この所は天使という言葉を使って詩にふんわりとした感じを与えてくれているからです。

この子どもは当初,暗闇への不安のみを書いていました。教師が「天使」という言葉へコメントをしたところ,読みを広げて,最後に「ふんわり」という言葉で安心を表現しました。

（福田　淳佑）

9 「〇レポ！」
―随筆的文章をすらすら書こう―

関連教材：思い出を言葉に（光村6年）
活動時間：3時間〜　準備物：教師のモデル文，給食の写真，レポ用シート

▐ 活動のねらい

　この活動は，書くことが苦手な子どもにも，書くことの楽しさや書いた文章を読み合うことの面白さを実感できる書くことの活動です。高学年となり，表現方法を広げたり，見方や考え方を深めたりしていく活動になります。

　活動の時期としては，5年生の後半以降が適しています。その理由は，それまでの作文での表現の仕方と随筆的文章の表現の仕方の違いを理解することが，よりよい表現方法を使って書こうという意欲を高めるからです。

　この文章で，基本的な随筆的文章の表現方法を学び，書くことの話題を変えても，その方法が使えるという汎用性もあり，長い文章を書くことに抵抗感を抱いていた子どもも，すらすらと書くことができるようになります。

▐ 活動の手順

　初めて，「〇レポ！」に取り組むことを想定した活動の手順を示します。給食に関することなど，身近で共有できる話題が取りかかりやすいです。

〈第1時〉

①まず，教師のモデル文を読み，感想をもつ。(15分)

　　T　この文章を読んでどんな感想をもちましたか。

　　C　この間，給食に出たことを書いている。

　　C　題名が「いろとりどり」だけあって，色がたくさん使われている。

　　C　「いただきます」をする前のことが実況中継されていて，食レポみたい。

②次に，「食レポ」として読むことができる観点を整理する。(25分)

　　T　食レポという感じがした？　どんなところが食レポという感じがしま

したか。

C　まず，食に関する言葉が使われているところです。

T　例えば，どんな言葉かな。

C　「あえて」，「ほんのり」，「ほのか」などです（p.73傍線部分）。

C　他にも，色で強調して給食を詳しく書いていて，献立を想像できます。

T　なるほど，見たことを詳しく書いていることね。描写する力だね。他にはどうかな。

C　給食のことから，家での朝食について思い出しています。

C　ニンジンを食べられるようになったということを成長したと捉えています。

T　給食という1つのことから，家での朝食や苦手なものを克服したという成長を連想しているのですね。

③「書いてみよう」ではなく，「書けるかな」という発問が，子どもに自問自答する時間を与え，「できるかな」から「できそうかな」という主体的な学びにつなげる。（5分）

T　みんなも給食でこのような「食レポ」を書くことができるかな。

〈第2時〉

　1週間分程度の給食を写真に撮っておき，思い出しながら書けるようにする。

①1週間，給食の写真を提示する。

　T　1週間の給食で，自分が「給食レポ！」に書きたい給食がありましたか。

②3つの観点（描写する力，連想する力，食に関する言葉や表現）を確かめる。

※食に関する言葉や表現については，写真の給食から，思い付くものを発表させてもよい。

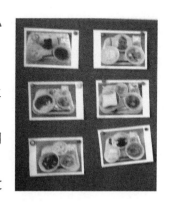

③選んだ給食とその根拠（自分の経験との関わり）を書いてから，文章を書くようにする。

指導のポイント

　随筆的な文章であるため，自分の経験と結び付けることやその出来事から学んだことを書くことは大切です。しかし，高学年になったからといって，急にそのような文章を書かせようとすると，子どもは構えてしまい中々鉛筆が進まなくなります。そこで，まずは気軽に書けるということを認識させます。また，他の人の作品を読んでも面白いと思うためには，自分の経験と結び付けることで同じ出来事を見ても見方や考え方が異なることに気付かせます。そのような子どもの作品があれば，積極的に紹介していくと効果的です。

日常化に向けて

　この「○レポ！」では，描写する力，連想する力，○に関する言葉や表現を工夫する力を身に付けられるように指導していきます。例えば，○レポの○の部分を変えても，３つの観点は必ず意識させることと，その他にも，学級で作文指導の際に気を付けていることがあれば付け足していき，子どもに書くことの技能が積み上がっていることを意識させることがポイントです。
〈例〉「運動会レポ！」，「宿泊生活レポ！」，「クラスレポ！」

　下の子どもは，給食に緑の食材が多いことから「春」を連想しています。また，「ヌルヌル」，「シャキシャキ」などの言葉を使い，食感を伝えています。内言が多く，１つの献立から，様々な思考を働かせていることが分かります。

> 旬な「緑色」
>
> 今日の給食は春らしい。そして、緑色が目につく。グリンピースごはん、わかめとレタスのサラダ。緑色を見るたび、なぜか春を感じる。なぜ？そう思った私は窓の外を見た。学校を取り囲む木。緑色の木。その木が春になるから、緑は春と感じるのか。なるほど。植物だからか。植物は春の中で明るい。緑は春と感じるのか。なるほど。
>
> 「いただきます。」
> まずは「若竹汁」。ああ、たけのこはやっぱりおいしい。そういえばたけのこは春が旬なのか。緑のものは春っぽいから、たけのこも春なのか。そう思った私は、こん立を見に行こうとしたが、やめた。「食べたい！」そう思い、今は十分味わおう。味はどうだろう。
>
> 次は、「グリンピースごはん」。塩味が効いている。「初鰹の新玉ねぎソース」には、やわらかい玉ねぎが鰹のうまみと合い、合間に食べるわかめのサラダ。レタスとわかめのサラダのシャキシャキ感とわかめのヌルヌル感がたまらない。毎日食べても飽きない。
>
> 今日の給食は、旬なものが多いのかな。たけのこは春だけど、これ以外に何かあるのかな。そう思って、グリンピースやレタスも春なのか。そう思い、こん立を見に行こうと決めた。
>
> 「ごちそうさまでした。」
> 今日の給食当番だったので、まい、いいか。先に見に行こうと思ったけど…あっ、旬の食材って下線が引いてあるんだ。「旬」ってやつってたんだ。「初」も気づかなかったな。あと…にんにく…入ってたのか。
>
> 今月のこん立には、下線が多いよね。それだけ旬のものが多いんだな。春が旬のものって緑が多いんだな。色々調べてみよう。よし、そうしよう！

モデル文，レポ用シート

教師のモデル文

いろとりどり

　　　　　大盛　空三

　緑、ピンク、オレンジ、白、赤…。

　いつもは、「いただきます。」と同時、もしくは、最後の「す。」を言い終わらないうちから、肉や魚にがっつくぼくだが、ぐるりとお盆の上を一周眺めてみると、給食には、実にいろいろな食材が使われている。そして、それぞれの食材には、それぞれの色がある。そして、

　緑は、ほうれん草。ほうれん草には、ごまとのりがあえてあって、葉っぱくささがまったくない。ピンクは何だろう。さけだ。でも、今日のさけは、少しだけ白いものがついている。そういえば、献立に「さけのみそマヨネーズ焼き」と書いてあったな。ということは、この白いものは、「マヨネーズを焼いたものだ。ぼくは、マヨネーズが大好きで、お好み焼きやたこ焼きを食べる時は大量のマヨネーズをかけてしまう。少し鼻を近づけてみた。ほんのりマヨネーズがこげたにおいがした。おいしそうだな。みそのにおいもほのかにする。マヨネーズとみそを混ぜようなんて、ぼくには想像がつかないな。栄養士の〇〇先生は、いろいろと考えているんだなと思った。

　次は、汁物だ。オレンジ色の物体は、そう、ニンジンだ。小学校に入る前までは、苦手だったが、今ではおいしいと思って食べられる。こんなささいなことからでも自分の成長を感じられる。汁物には、他に、ごぼうや大根、さつまいもが入っている。白いご飯とあいそうだ。汁っって言っていたな。給食委員が、「さつま汁」って言っていたな。

　そして、赤々とかがやくのは、ぼくの大好物のいちごだ。ずいぶんとつやつやしていちごだ。「うっ。」よだれが出てきそうだ。どこで採れたいちごかな。とちおとめかな。さがほのかかな。どちらでもいいか。

　それでは、「いただきます。」（約600字）

レポ用シート

子どもによって分量に差異が生じるため罫線のシートを用意します。

また、随筆的な文章にするための手立てとなるので、3つの観点を

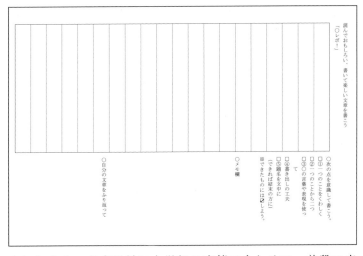

読んでおもしろい、書いて楽しい文章を書こう

「○レポ！」

○次の点を意識して書こう。
①「一つのことをくわしく
②「一つのことから」
③○○のことから○」
て
□④書き出しの工夫
□⑤題名を文末に
（できれば結末の方に）
※できたものには☑しよう。

○メモ欄

○自分の文章をふり返って

予め示したシートにします。3点以外にも学級の実態に合わせて、普段で意識して指導していることを観点として付け加えることもできます。

（成家　雅史）

10　魅力を伝えるパンフレット作り

関連教材：なし
活動時間：1時間×9　準備物：様々なパンフレット，単元で使用するその場所の資料など

▎活動のねらい

　パンフレットとは人に何かの情報を知らせるために複数の用紙を仮とじにしたり折り込んだりして作る薄い冊子のことです。本実践では，パンフレットを作成する過程を学習し，学校行事に合わせて5年生向けに修学旅行や移動教室で行った場所の魅力を伝えるパンフレットを作成することを目的としています。題材選定の過程では，5年生を意識して材料を選び，構成や表現方法を考えることで目的意識・相手意識をもった活動ができます。また，表現方法を考える過程では，自分たちの体験を基に，適切な言葉を選びながら施設の面白さや歴史的な背景などを書いて伝える力を身に付けられます。パンフレットの作成に当たっては，読み手に必要な情報を簡単に獲得してもらうために，編集の目標を明確にする必要があります。さらにその目標に即して様々な文章を効果的に集めるとともに，全体のレイアウトや見出し，イラストなども工夫し，読み手が手に取りやすく，読んで分かりやすい編集が求められます。他者への伝達を目的としたものですから，次の3点に留意する必要があります。

①情報の収集・整理・分類などの検討を徹底する。
②タイトル，見出しなどに工夫を加えるようにする。
③分かりやすく伝えるために，写真や図表，イラストなど視覚に訴えるものを考えてレイアウトするようにする。

▎活動の手順

①パンフレットを作るという学習課題を設定する。

②様々なパンフレットからパンフレットの特徴を調べ，学習計画を立てる。

　T　様々なパンフレットを見て，パンフレットにはどんな特徴があるかを見つけましょう。

　C　文だけじゃなく，写真やイラストが必ず入っているね。

　C　１文を短く書いているよ。そうすると読みやすいね。

　C　具体的な数字や名前があると分かりやすい。

　T　色々な特徴がありますね。じゃあ，読む人を行きたくさせるような言葉「推薦語彙」はどんなものがありますか。

　C　「ここだけ」って書いてあると，行きたくなるね。

　C　「素晴らしい」とか「おすすめ」っていう言葉も行ってみたいなっていう気になるよ。

③パンフレットの構想を立てる。

④パンフレットに必要な情報や材料を集める。

※この活動は，課外も含めて行う。実際に修学旅行や移動教室に行って写真を撮ったり，必要なことをメモしたりしておくようにする。

⑤集めた情報や材料を整理し，パンフレットの構成を考えながら目次作成や割り付けをする。

⑥相手に効果的に伝わる文章の書き方を考えながら下書きをする。

　T　下書きをする際には，前にみんなで見つけた「推薦語彙」を使って５年生が行きたくなるようにしよう。

　C　「ぜひ〜してみてください」を使ってみようかな。

⑦下書きを推敲する。

⑧清書してパンフレットを仕上げる。

⑨完成したパンフレットを読み合い，感想を交流する。５年生に読んでもらい，感想をもらう。

■ 指導・日常化のポイント

様々なパンフレットの活用

　読み手を引き付ける工夫が記述の段階で重要になります。そこで，様々なパンフレットを教材として取り上げ，右上の写真のようにパンフレットの特徴を見つけさせます。また，自分のパンフレットに使いたい言葉をまとめ，それらを活用しながら表現の工夫を考えさせるとよいでしょう。パンフレットに必ずあるキャッチコピーなどその場所の魅力を伝えるために必要な項目を見つけさせ，模造紙にまとめ，右下の写真のように教室に「推薦語彙」として活用しやすいように掲示しておくと効果的です。

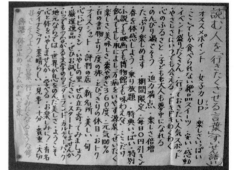

■ 評価のポイント

　第1，2時間目は，学習課題を理解し，学習の見通しをもっているかを評価します。第3時間目は，パンフレットの構想を立てているかを評価します。第4時間目は，パンフレットに必要な情報や材料を集めているか取材メモで評価します。第5時間目はパンフレットの構成とそれに伴った目次や割り付けをしているかどうかを評価します。第6時間目は，相手や目的を考えながら表現を工夫して文章を書いているか下書きで評価します。第7，8時間目は自分の文章を読み直して，よりよいものに推敲しているかどうか清書で評価します。第9時間目は，内容面や表現の工夫の面から感想を伝えているか感想カードで評価します。

　右上の写真は，第2時間目にパンフレットの特徴を探したり，推薦語彙を見つけたりするときに使用します。まずは個人でパンフレットを見て，その後グループでどんな特徴を見つけたか，どんな語彙を見つけたかなどを交流し，最後には全体で発表し合うと様々な特徴や語彙が見つかります。

　右下の写真は，ある子どものパンフレットの1ページです。この子どもは，小見出しで「どんな滝があるのだろう」と疑問を投げかけたり，文章の最後に「ぜひ実際に見たり調べたりしてみてください」と呼びかけていたり，表現の工夫を施しています。相手意識をもち，5年生が読めないと思われる漢字にはふりがなをふっていることが分かります。

（筧　理沙子）

11　いきものの○○クイズ

関連教材：いきものの　あし（学図1年上）
活動時間：1時間×7　準備物：動物の体に関する図書資料

▎活動のねらい

　クイズは子どもたちが大好きな言語活動です。それを子どもたちが初めて
接する説明的な文章「いきものの　あし」（学校図書1年上）の学習に取り
入れます。ひらがなの読み書きに個人差があることを考慮して，インパクト
のある写真を通して子どもたちに問いかける文が前のページにあり，その答
えを次のページに書くという工夫がされている教材です。子どもたちが自ら
写真に目を凝らして問いかけ，自分が発見したことを思わず言葉に発するよ
うに，「……のでしょう」と問いかけ，「……です」と答える文型が繰り返さ
れ，自然に身に付くように書かれています。その文型を使って，クイズを作
っていくことで，事柄の順序を考えながら，内容の大体を捉えることを目的
としています。

▎活動の手順

①教材文を読み，何の動物かを当てるなどして，学習課題を理解する。

　　T　みんなにクイズです！
　　C　どんなクイズかな。
　　T　これはなんの足でしょう（教材文の写真を見せる）。
　　C　あ，鳥じゃない？
　　C　あひる！
　　T　じゃあ，正解を発表します。これは，あひるのあしです。あしのゆび
　　　　のあいだには，みずかきがついています。だから，みずのなかを，す
　　　　いすいとおよぐことができます。

C　やった！　あってたよ。

（以下，教材文に載っている「らいおん」や「だちょう」の問題を出す）

C　もっとクイズ出してほしい！

T　じゃあ，自分たちでクイズを作るのはどう？

C　え〜！　作れるの？

C　やってみたい！

T　じゃあ今出したのは生き物の足についてのクイズだったけど，生き物の目や生き物の耳など生き物の○○クイズを作ってみんなでクイズ大会をしよう！

②教材文の「あひる」の文章について，事柄の順序を考えながら内容の大体を捉える。

T　クイズを作るために，どうやってクイズを作ったらいいか考えながらあひるの文を読んでいきましょう。最初は何が書いてある？

C　「これは，なんのあしでしょう。」って書いてあるね。

C　クイズの問題の文だね！

T　そうだね。じゃあ，もしも，しっぽのクイズを作りたい人はこの文をそのまま書けばいい？

C　だめ！「なんのあしでしょう」じゃなくて，「なんのしっぽでしょう」に変えないと。

C　写真と合わないとおかしなクイズになっちゃう。

T　なるほど。じゃあ，２つ目の文は何が書いてある？

C　「これは，あひるのあしです。」って書いてあります。

C　これは，答えの文だ！

T　そっか。じゃあ，最初に問題の文，次に答えの文を書けばいいね。

（３文目，４文目についてもどんな内容が書かれているか読み取る）

③教材文の「らいおん」の文章について，事柄の順序を考えながら内容の大体を捉える。

④教材文の「だちょう」の文章について，事柄の順序を考えながら内容の大

体を捉える。

⑤単元を通して並行読書しておいた動物の体に関する図書資料から，どの動物のクイズを作るか決め，学習したことを生かしてクイズを作る。

⑥クイズを清書し，写真を貼ってクイズを完成させる。

⑦「いきものの○○クイズ」大会を開いてクイズを出し合い，感想を伝える。

■ 指導・日常化のポイント

クイズ作り

　本実践では，説明的な文章の読み取り方を学ぶとともに，読むことによって新しい知識や情報を得る学習体験を経て，その喜びや楽しさを感じられるようにしたいと考えました。そこで，子どもたちの大好きな「クイズ大会」という形式をとることによって，説明文の基本的な「……のでしょう」と問いかけながら，「……のです」と答える文型が自然と身に付くようにします。自分が作ったクイズに答えてもらうという喜びを体験させ，自信へとつなげていけるのがクイズという言語活動の特徴です。

■ 評価のポイント

　第1時間目は，動物の体に関する図書資料を読んで，「いきものの○○クイズ」を自分でも作りたいという意欲をもっているかを評価します。第2，3，4時間目は，教材文を読み，事柄の順序を考えながら，内容の大体を捉えているかを評価します。第5時間目は，自分が選んだ動物の体に関する図書資料を読み，事柄の順序を考えながら，内容の大体を捉えているかを評価します。第6時間目は，読み取ったことを基に問いかけの文や答えの文，足の特徴の文，その足でどんなことができるかの文などを，語と語の続き方に気を付けて書いているかどうかを評価します。第7時間目は，お互いに作ったクイズを出し合い，そのよさを味わい感想を伝え合っているかを評価します。

　右上の写真は，ある子どもの作例です。段落を少しでも意識できるように，白いシールを用意し，1マス空けることが視覚的に分かるようにしました。右下の写真が，クイズの時に見せる写真です。画用紙の裏にクイズを書いたワークシートが貼ってあり，答えを言うときにその動物の写真が見えるようにめくります。

子どもの様子

　左下の写真は実際にクイズ大会をしている様子です。生き生きと活動しているのが分かります。

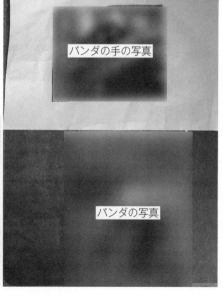

パンダの手の写真

パンダの写真

（筧　理沙子）

12　見開き図鑑

関連教材：すみれと　あり（教出2年上）
活動時間：8時間〜　準備物：植物図鑑などの図書資料

▎活動のねらい

　この活動は2年生になって最初の説明的文章の学習で取り組みます。大きく，3つのねらいがあります。

　まず説明的文章の形式の理解を深めたり，書かれている事柄を読み取ったりした学習の成果を生かすことです。

　「すみれと　あり」という教材文には，すみれが花を咲かせるまでに，ありがどのように関わり，どんな役割を果たしているかが書かれています。すみれについては，「花をさかせる場所」「種の様子」「仲間をふやすための工夫」が説明されています。

　自分が調べたい植物について，図書資料から上記の3つの情報を集めることが，学習の成果を生かすことにつながります。

　そうして調べたことを「見開き」，つまりノート2ページ分にまとめます。この「見開き」という，量的な制限をかけることにもねらいがあります。

　調べたことをただ丸写しにしていくだけでは，すぐにページはうまってしまいます。調べて手にした情報の中から，必要な情報を選ぶという活動を，子どもたちにとっての必然とするためです。

　最後に，「見開きにまとめる」ということを今後の学習でも使える技術として子どもたちに身に付けさせることです。

　低学年の子どもたちにとって，「たくさん書くこと」「何ページも使うこと」はそれだけ自分の学習に対する充実感につながります。そのことはもちろん認めていく必要があります。ただ，そのことによって本来伝えたいことがぼやけてしまうことも往々にして起こるものです。

情報の軽重の付け方や取捨選択はこれからも必要な技術となります。

活動の手順

　教材文を読み，そこにどんなことが書かれていたかを「すみれ」と「あり」という視点で確かめます。「じょうほう」という言葉を教えてもいいでしょう。この言葉は，これからの説明的文章の学習でも使える言葉となります。

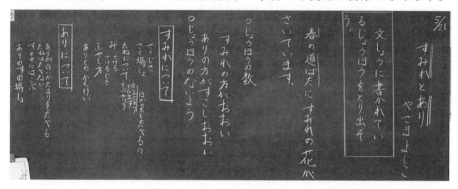

　題名は「すみれと　あり」であっても，書かれている情報の量は，すみれの方が多いことに子どもたちは気が付きます。ここで，この文章はすみれについて説明することが主な目的であることが分かります。

　子どもたちに「見開き図鑑」を作ってみることを提案します。ここで，「見開き」という言葉と，見開きにまとめることの長所（一目で必要な情報を知ることができる。前のページや次のページをめくらなくてもよいこと）を確かめます。

　学校図書館などから，予め植物に関する図書資料は集めておきます。調べたい植物が友達と同じであっても構わないことを伝えておくと，苦手意識のある子どもの負担感が軽減されます。

　どのページが図鑑に活用できそうか，付箋も活用させます。

　見開きに書くことを確かめたら，下書き，清書に入ります。図鑑ですから，写真も必要です。成長した様子と種の形が分かるものを用意します。子どもに選ばせても構いません。また，読んだ図書資料を，参考図書として記述す

るように伝えます。

　それぞれのページが完成したら，学級で1冊の本にまとめます。

■指導・日常化のポイント

指導のポイント

　この活動で子どもたちが乗り越える壁となるのは，図書資料から必要な情報を集めることです。子どもたちの実態に合う平易な資料を用意しますが，やはり教科書と比べると情報量は多くなります。図書資料を読んでいる子どもに適宜必要な情報が集まっているかどうか確かめていきます。

　教材文を読んでいく際に「花をさかせる場所」「種の様子」「仲間をふやすための工夫」という情報整理の視点を丁寧に押さえていきます。図書資料に書かれていることをその視点で分類できるようなワークシートを用意します。

　図書資料を読むコーナーをつくっておくと，自然と複数で1冊を読む状況が生まれます。

日常化に向けて

　「見開き」という限定された枠にまとめていくことは，様々な場面で活用をすることができます。学習した成果を見開きでまとめることは，情報を再構成する力につながっていきます。これは新聞やポスター作りに転用可能な力です。社会科や理科の学習でもこの力は生きてきます。

　普段の授業で教師が書く黒板は，子どもたちにとっては見開きそのものです。

この単元のみの活動にするのではなく，これからを見すえた技術として指導をしていくことが，学びの日常化につながっていきます。

子どもたちが作った作品を評価するのは，図鑑に書くべき情報がきちんと書かれているかどうかです。今回の単元で言えば，「花をさかせる場所」「種の様子」「仲間をふやすための工夫」という視点が押さえられているかです。たとえ，文章が書き抜きであっても構いません。ここで評価をするのは，子どもの読む力です。

子どもが図書資料をどのように読んでいたかも評価します。友達と一緒に読んでいても，自主的な姿があったかどうか，図鑑を作るためのメモを自分で作っていたかどうか。一緒に読んではいるけれど，情報の取り出しは友達に頼り切りになってはいないかどうかなどです。

作品の完成に至るまでの過程も，きちんと見ていきます。

子どもの作品

（福田　淳佑）

13　読みたくなる本を考えてみよう

関連教材：白いぼうし（教出・光村4年上）
活動時間：2時間〜　準備物：ワークシート

■ 活動のねらい

　「読みたくなるような本」の題名と簡単なあらすじ，本の表紙を想像して楽しむという活動です。4年生最初の物語教材を学習する前か後に取り組むことで，想像することの楽しさを存分に味わうことがねらいです。

　物語文の学習では，叙述に即した確かな読みが求められます。子どもたちの考えが，どれだけユニークであっても，叙述から乖離したものであっては評価をすることができません。

　「白いぼうし」という教材を例にとります。この物語には不思議な女の子が登場をします。この教材の授業では，果たして女の子の正体は何だったのかと子どもたちは考える場面が多く見られます。

　叙述に即した最も妥当な考えは「もんしろちょう」。多くの子どもたちも，この考えに落ち着きます。しかし，「ゆうれい」「夏みかん」「いたずらが好きな人間の女の子」といった考えを出す子どもたちもいます。

　中には，「もんしろちょうだとは思うけれど，ゆうれいにした方が面白いから」といった理由をもつ子もいます。

　叙述に即した確かな読みだけを求めていくと，子どもたちの豊かな発想が十分に発揮され得ないことがあります。

　この活動では，そんな子どもたちの豊かな発想を存分に発揮してもらうことができます。1冊の本を作るとなると，これは別の労力が必要になってきてしまうので，「題名」「簡単なあらすじ」「本の表紙」という3つだけでよいことにしています。

活動の手順

　この活動に入る前に物語における「題名」について，確かめておく必要があります。

　物語文を学習する前に取り組む際には，これまで学習してきた教材の題名について振り返ったり，印象に残っている本の題名を発表し合ったりします。学習後であれば，その教材において「題名」が果たしていた役割や，そこから受けた印象などを振り返ります。

　ワークシートとして，下図のようなものを用意して配布をします。その際に，教師がモデルを示して，子どもが活動のイメージをもてるようにします。

　「あらすじ」を書くときには，結末や途中での出来事まで考える必要がないことを話します。どんなに荒唐無稽なあらすじであっても，誰かが「読んでみたい」と思えばよいことを確かめ，今回の活動においては，子どもたちに想像に枠をつくる必要がないことを伝えます。

　その後は，本の表紙をかきます。文字だけではなく，イラストを描いても構いませんし，色も好きなようにつけさせて構いません。

　既存の物語を参考にしたり，ヒントにしたりすることはよいですが，続編のように設定や登場人物をそのまま流用することはしないように注意を促します。

　活動中は，黙々と取り組むよりは，近くの友達と話しながら取り組める雰囲気をつくるようにします。

　子どもたちがどのような本を普段から読んでいるのかなど，子どもたちの活動の様子から分かることが多くあります。

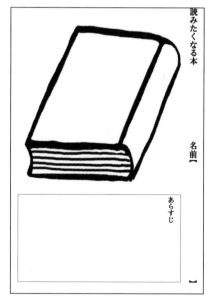

読みたくなる本　名前【　　　】

あらすじ

指導のポイント

　子どもたちの豊かな発想を存分に発揮できるような雰囲気や場をつくることが第一です。活動中は，子どもたちの方から，「作者は自分でなくてもいいのか」や「表紙に帯をつけてもよいか」など提案が出ることもあります。基本的に，既存の作品を使うこと以外の制限はかけないようにします。

　なかなか書き始められない子どもには，普段読んでいる本の話を聞きながら，想像を広げる支援をしていきます。物語を読んでいる経験が少ない場合は，直前で学習した物語教材をヒントにします。

　子どもによっては，正解不正解を気にすることもあります。この活動においては，そういった枠組がないことを子どもが感じられるような声かけをするようにします。

　子どもにモデルを示す際には，教師自身も「読みたくなるような本」を作ることを楽しむような心持ちで作ったものを示すとよいでしょう。

日常化に向けて

　本の題名や表紙，あらすじといった事柄は，学校図書館などで本を選ぶときの基準の１つです。自分がどのような題名や表紙にひかれるのか，どのような内容の物語が好きなのかなど，自らの読書生活を自然と振り返る活動になっています。

　図鑑などはよく読むけれど，物語はあまり手に取らないという子どもには，友達のどんな本を読みたいと思ったのかを聞くことで，その子どもへの選書の手がかりとすることができます。

　物語の創作をすることが好きな子どもは，この活動の段階で，既に大体の流れを考えています。この活動をきっかけとして，自発的な創作活動に取り組むことも期待ができます。

評価のポイント

　ここではまず，子どもの読書生活の様子を見るようにします。題名の付け

方やあらすじの書き方，表紙のデザインなどで，普段からどれだけ本を読んでいるかを伺うことができます。本が身近な子どもほど，自分の読書生活を積極的に語ってくれるでしょう。

次に，子どもの嗜好も感じることができます。自分が好きな本のジャンルや，趣味などをテーマにすることが多いからです。

作品の評価については，3つの事柄のどこにとくに心を引かれたかを，子どもに伝えるようにします。

子どもの作品

左の子どもはシリーズ物という設定で想像をしていました。右の子どもは，物語の舞台を好きな野球チームの球場にしています。

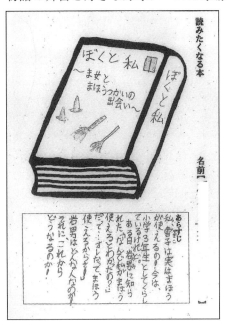 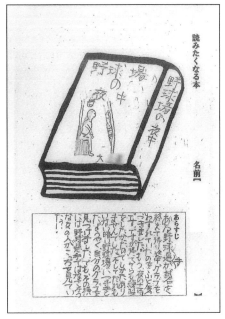

（福田　淳佑）

14 「学習感想」の積極的活用
―一覧型学習感想，選抜型学習感想，分類型学習感想―

関連教材：雪わたり（教出5年下）
活動時間：3時間〜　準備物：なし

▌活動のねらい

　授業の終末に子どもが書く学習のまとめを総称して「学習感想」と呼ぶことが多いと思います。この「学習感想」ですが，書かせて教師が読んで朱を入れて子どもに返却するというサイクルになっていませんか。これでは，子どもの学びは個に閉じられてしまいがちです。また，教師がよいと思った感想を紹介するということも行われます。これも，学習感想を子どもに還元しているので，積極的活用と言えるかもしれませんが，子どもの学習感想を見る目が育ちません。学習感想の積極的活用の活動では，子どもの学習感想を見る目，書く力を育てるというねらいがあります。学習感想を子どもが評価するようになると，自分自身の学びがどうなったかという学びの振り返りを表すようになってきます。さらに，子どもが他の子どもの学びに着目し，前時の自らの学びや友達の学びに関心をもつようになります。このような学びの集団となることは，主体的に学びに向かう力にもつながります。

▌活動の手順

　活用の仕方としては，学習感想を書く時点から，ある程度観点を限定して示すといいと思います。例えば，「雪わたり」（教育出版5年下）を初めて読んだときの学習感想を活用するとなった場合についてご紹介します。
①観点を限定して学習感想を書く。（前時の終末）

・明るい話　　・暗い話　　／・楽しい話　　・さみしい話	
・うれしい話　　・悲しい話　　／・温かい話　　・冷たい話	
・面白い話　　・こわい話	

※二項対立のような観点にすると，学習感想にも違いが明確に表れてくる。

②教師が，全員の学習感想を座席一覧表の形式に入力する。（授業外）

※時間がない場合は，子どもが学習感想を書く時点で，メモ用紙のような小さな紙に書かせ，座席順にならべてコピーをするという方法もある。

※教師が自分で全員分の学習感想を入力すると，誰がどのような考えなのかも分かると同時に，評価することもできる。

③本時の導入で，学習感想座席一覧表を配布し，子どもが読む。

　　T　それでは，前の時間に書いた学習感想の中から，「読んではっとさせられたもの」や「自分のものと違っているなと思うもの」，「全体的に気付いたこと」などがあったら発表してください。

　　C　全体的に面白いとか，明るい，楽しいというものが多い。

※机間指導で感想の種類に着目してサイドラインを引きながら読んでいた子どもを意図的に指名する。

　　C　温かい話だと思う人や面白い話だと思う人や，どういう人が多いかについて知りたかったので，色で分けてみたんですけど，全体的に温かい話だと思う人が多かった。

　　T　先生も事前に読んで気付いたのですが，温かい，楽しい，面白い，明るいとかの言葉を使っているのは，30人くらい。でも人数でいうと，10人くらいだね。他に気が付いたことはありますか。

　　C　明るいとかそういうことを書いている人が一番多いのですが，他にも，○○さんは，暗い感じのさみしいという言葉を使っているし，最初と最後で変化しているという人もいます。

④前時の学習感想を踏まえて，意見が分かれているような部分をもう少し詳しく読む必要感をつくる。

　　T　◇◇さんのいうように，最初と最後で変化しているというのは，どういうことなんだろうね。もう少し詳しく読んでみたいと思いませんか。

指導のポイント

　指導のポイントは，主に２つあります。まずは，学習感想を書くということです。高学年では，学習後に「楽しかった」や「よかった」で終わらせてしまう感想は避けたいものです。メタ認知能力も徐々に身に付いてきている時期ですので，自分の学習がどのようなものだったか，どのように変化したのかが明確に表れるような感想を書くように促します。例えば，自分の考えが変わったのは，誰の意見が影響しているのか。自分の考えが深まったのは，どんな意見からなのか，ということを振り返ることができるように助言します。そうすると，学習感想を読み合う段階になったときに，自分の発言で考えが変わったとか深まったということが書かれている子どもは，とても励みになり自信をもって学びに向かうことができるようになります。また，一人一人の考えを尊重する学級の学習文化が醸成されます。

　次に，学習感想をどのような視点で読むかということです。活動の手順にも教師の言葉（T）のところにありますが，全体の傾向，自分と異なる考え，はっとさせられるような鋭い感想の３点を見るように指導します。そうすると，学習に深まりや広がりが出てきますし，子どもは自分が取り上げた学習感想から授業がつくられているというイメージをもち，授業への参加満足度が高まります。

日常化に向けて

　毎回毎回，全員分の学習感想を教師がパソコンで入力することは，大変な負担になります。そこで，小さなメモ用紙のようなものに書かせるということも負担を軽減する方法の１つです。ただ，そうすると書く分量が減ってしまい，単調な学習感想になることもあります。

　そこで，毎回全員分にするのではなく，今回は，特に取り上げて紹介したいと思う学習感想を５点提示する（選抜型学習感想）とか，違う観点のものを５例ほど提示する（分類型学習感想）というように方法を変えることも考えられます。教師も負担を減らし，子どもも毎回異なるパターンを楽しみ，

学習感想が継続的に活用される方法を工夫していくことが一番です。

■ 評価のポイント

　学習感想は、「感想」ですから何を書いても自由というのが原則です。しかし、学習の成果として書くという意識をもたせることが大切です。本単元では、物語を読むことの学習の中での学習感想ですから、自分の読みが書かれていることが評価のポイントです。その上で、次の点を評価します。

> ①自分の読みに根拠（叙述、友達の意見）を挙げていること。
>
> ②学習を通して、どのような変化や深まりがあったかを書いていること。
>
> ③問いや疑問を明確にしたり、解決したりしたことを表していること。

■ 子どもの学習感想事例

A児【雪わたり】（教育出版5年下）

> 　今回は、仲良くなったのかというところから入り、昨日の学習感想に出たぎ問などを話し合った後、K・Hのきつねは人間全体を信用していないという発言から仲がよいのか、仲が悪いのかという話し合いになった。私の意見はくり返すということだ。たとえば、幻灯会にまねくところが仲良くするということ。最後に風のように行ってしまうというのは、すぐに終わってしまうということ。このように、すぐに終わってしまう友情だということ。

下線部分では、授業がどのように展開されたのかを振り返り、波線部分で、話し合いを基にした自分の読みを述べるような学習感想を書いています。

B児【川とノリオ】（教育出版6年上）

> 　私は、p.100にある「青い空を映しているやぎの目玉」という文で、平和を表していると思います。何人かが「青」は悲しさなど、マイナスのイメージを表していると書いていましたが、この場合の青は平和の色で、青はきれいな空の色、つまり、戦争時の暗い空と違って今はすみきったきれいな空ということだと思います。子やぎの目に映る青い空は、ノリオにも青く見えたはずで、安定したノリオのくらしを「青い空」で表現していると思います。

　下線部分で、他の子どもの考えを受け止めた上で、自分の読みの論理を展開しています。

（成家　雅史）

❸読むことの授業アイデア　5年

15　声に出して表現しよう

関連教材：草野心平「春殖」
活動時間：1時間〜　準備物：画用紙，マジックペン

▌ 活動のねらい

　この活動は，声を出して読むことに抵抗を感じ始めた高学年の子どもたちに，声を出して表現することの楽しさやグループで協力して表現の仕方を工夫することの面白さを経験させることを目的としています。また，グループごとに音読を聴き合う活動を取り入れると，お互いの声を大切にするという学び方も育成することができます。そのため，学級開きや学期初めに楽しく学ぶことと，仲間を意識しながら学ぶことができる活動となります。

▌ 活動の手順

①まず，題名を伝えずに「る」が27個並んだ詩を
　知っているか質問する。（5分）

　T　この詩を知っていますか。（板書に「る」
　　　をゆっくりと書いていく）

　C　「るるるるるる……」

　T　「る」だけでできている詩です。

　C　詩なんですか。

②次に，学級全体で音読したり，詩の特徴などを
　話し合ったりして，課題を共有する。（5分）

　T　みんなで一度声に出して読んでみましょう。

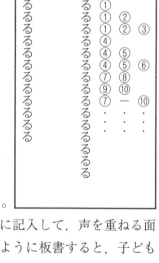

※右は，「る」の横に誰が読むのかを出席番号順に記入して，声を重ねる面
　白さを体験する例。「る」は，3の倍数になるように板書すると，子ども
　たちでリズムのよさに気付くようになる。

C （音読する。恐らく，ばらばらでそろわない）

C ばらばらで，何だかよく分かりません。

T どんな特徴がありますか。

C 「る」が27個並んでいる。

C いろいろな読み方ができそうです。

T なるほど。確かに読み方によって，詩のイメージが変わりそうだね。では，この詩がどんなことを表した詩なのか，グループになって考えて，どんなことを表したか音読で表現してみよう。

③グループで，詩について話し合い，音読して表現する。（20分）

T どんなことをイメージして音読するのか，ノートに（もしくは，グループに配布した短冊に）書いておきましょう。後で，他のグループの人にどんな場面が想像できたかを聞きますからね。

④グループで音読を発表する。（15分）

T それでは，1班から発表します。次の2班の人たちが，どんな場面を想像できたのか話し合って発表してください。

C グループごとに音読を発表し，次のグループがどんな場面を想像できたのか話し合って発表する。

※次に発表する班が，前に発表した班の感想を発表するなど，決めておく。

指導・日常化のポイント

指導のポイント

　グループで，「どのようなことを想像できたか」と「想像したことをどのように声を工夫して表現するか」を共有することに意味があります。順番に一文字ずつ読んでも何を表現したいのか分からないため，人数を増減させたり，リズムをつけたりして工夫できるように指導することが大切です。

　また，「る」という言葉に着目することも必要です。これが，「が」だったら，恐らく工事現場や何かが崩れていくような場面が想像できるでしょう。しかし，この詩は「る」というところに意味があるということを指導して活

動させましょう。

日常化に向けて

　「る」が27個並んだ詩は，「春殖」（草野心平）です。このような短い詩や題名が分かれば「なるほど」というような詩を見つけておきます。朝学習や国語の始まりの時間に，班で輪番制にして音読させると，声に出すことで理解できたり，声に出して読むことの面白さを実感できたりしていきます。

〈例〉「ののはな」，「ばか」（谷川俊太郎）等

　音読や朗読という言語活動において短い詩を読むことによって，詩を読むこと，詩を知ることのよさに気が付いてほしいと考えます。例えば，朝の会スピーチに取り組む学級は多くあると思います。スピーチの話題として，自分の好きな詩を紹介するという取組ができるようになると，詩集を読んでみたり，友達の詩に耳を傾けたりするようになり，主体的に詩と関わる態度が養われます。そして，自分で詩を書くということにつなげます。詩は，情景をリズムよく表現することができます。家庭学習で日記を書くことが課題となっている学級であれば，1週間に一度は，詩で日記に表すということもできるでしょう。

■ 評価のポイント

　他のグループと聴き合い，どのように聴こえたか，また，自分たちはどのようなことをイメージして音読したかを交流します。イメージ通りの音読ができたかどうかを相互評価することは，自分たちが伝えたいと考えたことが相手に伝わったという喜びや自信になります。今後の読むことにおける音読や朗読の活動にもつながる評価となります。

　最終的には，「春殖」という題名を提示します。「春殖」は，同じ音だけでできています。題名の意味にある「春が殖えていく」様子を表現しようとしたグループには，「る」と音がもつ感覚に気付いていることを評価することができます。また，「る」だからこそ，表現できる読み方を提案できている場合も，言葉から想像できていることを評価することができます。

他の詩で行う場合，題名から想像できる様子や雰囲気を表現できたかということが評価の対象となることもあります。

子どもの作品

下の板書例では，上下に分けて，上段が他のグループがどのように聴こえたかが書いてあり，下段が自分たちはどのようなことをイメージして音読したかを書いてあります。他の方法としては，画用紙を短冊型に切って，お互いの班に配布して書き合うということもできます。

5班	4班	3班	2班	1班	班
お経を読んでいるよう。	一つずつ「る」を区切って，テンションが上がる感じ。	五音。七音に分けていて，短歌や俳句のよう。	区切っている感じが，時間の経過を表しているよう。	「る」を九回ずつ速く読んで，最後にもり上がり。(楽しい雰囲気)	どんなイメージをもったか。(次の班)
お経みたいにしよう。悲しい雰囲気を出したかった。	階段を上っていくようなイメージをもった。	和歌・短歌などを意識した。	朝・昼・夜	電話の着信音	どんなイメージで音読したか。(読んだ班)

上段が聴き手側のイメージになっているのは，自分たちが表現したことを相手はどのように聴こえたかということを重視していることを表しています。読み手よりも聴き手の想像力と想像したことを表現する語彙力に課題があることもあります。「どんな」を具体的な言葉で表せるように助言しましょう。

（成家　雅史）

❸読むことの授業アイデア　5年

16　楽しい新聞読み
―読んで，撮って，表現する学習―

関連教材：新聞を読もう（光村５年）
活動時間：３時間〜　準備物：小学生新聞，タブレットPC（カメラでも可）

■ 活動のねらい

　この活動には主に３つのねらいがあります。１つめは，新聞に興味関心を
もたせることです。２つめは，新聞を読んで情報を収集することのよさを経
験することです。３つめは，タブレットPCなどのICTを活用して表現す
ることを通して，自分が発表したり友達の発表を聞いたりすることの楽しさ
を味わってほしいことです。

　活動の時期としては，５年生の前半が適しています。その理由は，高学年
の発達段階として，社会の出来事に関心をもつことに積極的になってほしい
時期であることが挙げられます。そのために，新聞はとても有効な道具の１
つです。新聞には，自分が知らない情報も載っています。知らなかった情報
を知る喜びを知ることや知らなかったことを知って見方や考え方を広げたり
深めたりすることができます。新聞のレイアウトや特徴などを学習する前に，
楽しく新聞を読む学習ができれば，以降の新聞に関する学習にも意欲的に取
り組むのではないかと考えます。

　また，ICTを活用することも高学年としては表現活動の幅を広げるため
に有効です。本単元では，パワーポイントの操作について指導し，パワーポ
イントを使って発表するので，発表したり発表を見たり聞いたりすることに
も高い関心をもって学ぶことができます。

■ 活動の手順

　小学生新聞を人数分以上用意しておきます。できれば，本物がいいのです
が，難しい場合はコピーでも結構です（取扱注意）。また，教師が面白い特

集や名物コーナーなどを集めておくと，意欲的に活動に導くことができます。

①まず，教師が面白いと思った特集を紹介する。

T 先生は，毎週この特集を楽しみにしているのですよ。これから，どんなところが楽しみなのかをみんなに伝えるから聞いてください。

②次に，教師が面白いと思った特集について，子どもはどう思ったのかを聞く。

T 先生が面白いと思っている特集について，みんなはどう思いましたか。

C 私も，同じ新聞をとっていて，面白いなと思って読んでいました。

C 僕は，初めてその特集を知ったのですが，ことわざの成り立ちが分かりやすく書かれていて，面白いなと思いました。

C 先生が，こういう特集を面白いと思っていることが分かってよかったです。

③また，紹介の仕方（パワーポイント）についての意見を聞く。

T 今回，先生はパソコンのパワーポイントという機能を使って，みんなに紹介したのですが，その紹介の仕方についてはどんな感想をもちましたか。

C 新聞を写真にとって，注目してほしいところを大きくして映してくれたので，とても見やすかったです。

C 何枚も新聞を写真に撮っていたのですが，新聞を手に持って紹介するよりも順番が整っていて分かりやすかったです。

C 画面が変わるときや新聞の写真を出すときがかっこよくて，次にどんなふうに変わるのかなって思って，しっかりと見ることができました。

C 私も，やってみたいなと思いました。

④新聞を読み，自分がお気に入りの特集やコーナーを見つけ，写真を撮って記録・保存する。

⑤パワーポイントの操作方法を知り，記録・

保存した新聞の特集やコーナーを取捨選択してスライドに整理する。

※パワーポイントの操作方法については，別に時間を設けて指導したり，講師の先生がいればT・Tで指導したりすることが望ましい。

指導・日常化のポイント

指導のポイント

　子どもにとっては，新聞というものを難しいことが書いてある存在として受け止められていることも少なくありません。ですから，小学生新聞を使用することが大切です。小学生新聞も読売，毎日，朝日と各紙揃えられるとよりよい活動となります。理由は，子ども一人一人には，興味関心をもつ内容が異なっているからです。例えば，世界の小学生を紹介している記事に興味をもつ子どもがいたり，宇宙のことに関心をもつ子どもがいたりします。子どもにとって好きなものとつなげられる特集やコーナーを見つけられることが大切です。

　5年生の前半は，クラス替えをして，お互いのつながりが希薄な時期です。グループで紹介し合うなどの交流を通して，お互いの好きなことを知る機会にもなり，クラスの輪が広がるチャンスにもしたいところです。

日常化に向けて

　朝の会や国語の時間の初めなどの短い時間を使って，自分が気になる記事や関心をもっている特集について紹介する時間を設けたり，宿題で新聞記事の切り抜きを継続して行ったりすることが考えられます。新聞や社会の出来事に目を向けさせ，情報を収集したり整理したり，選択したりすることが日常的に行えるように仕向け

ます。

■ 評価のポイント

　新聞の内容の選択については評価しません。自分が気に入ったものを選択し表現できればいいのです。ですから，評価のポイントは，どうして自分がその内容を選んだのかという理由や根拠を明確にして発表することが一番大切です。また，記事が1つでは，あまり新聞を読んでいないことになりますので，複数の情報を選び，自分の好きなことが分かるようにつなげて表現していることが大切です。

■ 子どもの作品

A児

　A児の場合は，全部で9枚のスライドを作成しました（実際のスライドには，新聞の内容が大きくコピーされているので著作権上の問題で掲載できません）。例えば，ニュースをマンガで分かりやすく解説したものについて，吹き出しを付けて，「このニュース，そういうことだったのか！」と付けて紹介しました。この効果としては，強調して表現するということであり，パワーポイントで紹介するからこそ，出てきた発想であると考えます。

B児

　B児の場合は，初めてのパワーポイントの操作でしたが，1枚のスライドに複数枚の写真を入れて同じニュースの取り上げ方を比べて見せるという工夫をしたり，同じ新聞の中でも様々な内容の紙面があることを分かるように見せるという工夫をしたりしていました。意欲的な取組について，周囲から称賛されていて，自分からどんどん新しい操作方法を試していました。

（成家　雅史）

17　やって，見て，考えて，身に付く要約力

関連教材：森林のはたらきと健康（教出6年上，平成27年度版）
活動時間：2時間〜　準備物：字数指定用紙（マス目原稿用紙），教師の要約文

活動のねらい

　要約は，ただ「文章全体を短くまとめる」ということではありません。学習指導要領解説第3学年及び第4学年「読むこと」の指導事項にも「目的を意識して」ということが示されています。要約するときには，どんな目的で要約するのでしょうか。例えば，字数に制限があったり，元の文章のキーワードの挿入が条件にあったりすることがあります。指導事項としては，中学年に位置付けられていますが，高学年になっても要約する経験を重ねることが大切です。言葉で思考する国語科では，言葉を頭の中で操作して自分の考えを形成するのですから，要約する力というのは，重要な言葉の力になります。

　活動のねらいは，まず要約してみるということが大きなねらいです。失敗してもいいので，ある文章を決められた分量で要約してみることが大切です。その後，友達の要約や教師の要約を読み，徐々に要約のポイントが理解できてくればいいという考えです。

　活動の時期としては，5年生の2学期頃が適していると考えます。理由は，高学年の文章に慣れてきてからのほうが，子どもが無理なく活動できるからです。

活動の手順

　本単元においては，「森林のはたらきと健康」（教育出版6年上，平成27年度版）で活動の手順を示します。教師は，予め自分でも要約文を作っておきます。50字，100字，200字など分量を変えて作っておくと，自分の要約技術

も向上します。

①まず，「要約」の学習経験について確認する。

  T　「要約」という言葉を知っていますか。

  C　知っています。

  C　長い文章を短くまとめることです。

  T　よく知っていますね。

  C　これまで文章を要約した経験があります。

②「森林のはたらきと健康」を読んで，何字程度に要約できるか確認して，子どもが各自要約する。

※本単元では，100字。1時間目は要約するところまでの活動にする。

※教師は，次時までに，全員分の要約をチェックして，よくできているもの，おしいものを3～4点ほど選んでおく。よくできているものが多い場合は，教師のモデルは，よくないものの例として出すようにする。

③教師の要約も含め，4～5点を匿名で提示して，どの要約が適切なのかを選ぶ。

※③の活動は，個人でもいいが，4名ほどのグループで話し合いながら選んだ方が，様々な意見が出て面白い。

④各グループで，最も適切だと考えた要約を記号で選んで発表する。

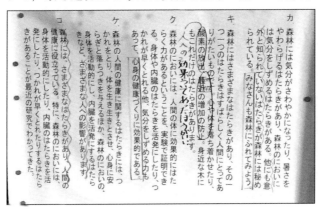

資料1

※選んだ記号を発表させた際に，根拠となった観点を線を引いたり？や○で
　囲んだりすると，それぞれのよいところを確認できる。

■ 指導・日常化のポイント

指導のポイント

　高学年になっているので，要旨をしっかりと押さえられていることが大切
です。筆者の学級では，「大意的要約」と「要旨的要約」というふうに分け
て指導しました。「大意的要約」というのは，文章全体を短くまとめている
けれども，筆者の伝えたいことが薄くなってしまっている要約を指します。
一方，「要旨的要約」は，筆者の伝えたいことが厚くなっている要約を指し
ます。事前に，「要旨」についても，説明的文章を読んで，つかめるように
しておくことも大切です。

　それから，説明的文章を読んで学んでほしいことに，筆者の見方や考え方
があります。その見方や考え方に寄り添って本文を読むためにも，具体例と
してどんなことを挙げているのかを確かに読み取ることが必要です。筆者は，
何を説明するために具体例を挙げているのか，具体例の中で重要なことは何
かを見つけることが，筆者の見方や考え方（要旨）を外さない要約になると
考えています。

　また，要約の方法として，一番短い文（いわゆる１文）で本文をまとめる
ことを想定することも大切なポイントです。その１文を必ず入れること。特
に，要約の最初に，その１文を入れることで要点を抜き出すという低学年で
学習したことを活用することにもつながります。

日常化に向けて

　授業の中で，要約ばかりを取り上げるわけにはいきません。そこで，家庭
学習を活用します。新聞記事で比較的子どもが読みやすいものや小学生新聞
の記事が適しています。１つの記事について，100字で要約するという課題
を１週間に１回でも行えば，相当に要約する力が身に付くでしょう。

評価としては，３段階を考えています。

まずは，何も指導しない時点，つまり本文を読んで自力で要約した時点での要約力を評価します。教師も事前に要約をしていますので，どの程度，要点や要旨を押さえられているかを評価します。

次に，どの要約文を選んだかを評価します。本単元では，資料１にあるようにカ〜コの５つの要約文が提示されています。この中で，どれを選ぶかということが，そもそも要約ということをどの程度理解しているのか，本文をどの程度読めているのかを評価するポイントになります。これは，教師が要約したものを選ぶということが正解というわけではありません。子ども目線で，しっかりと要約されているものもあります。そういうものを選んだ子どもは，自分はそのレベルまで表現できなかったけれども，要約の方法については理解が高まったと言えると考えます。

最後は，別の文章を要約したときに評価します。

子どもの反応

各自（各グループ）が選んだものとその理由を全体で共有すると，本文の要約にとって何が大切かということが理解できるようになります。

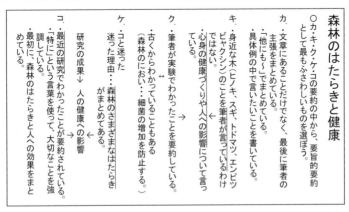

森林のはたらきと健康

○カ・キ・ク・ケ・コの要約の中から，要旨的要約として最もふさわしいものを選ぼう。

カ・文章にあることだけでなく，最後に筆者の主張をまとめている。
・「他にも〜」でまとめている。
・具体例の中で言いたいことを書いている。

キ・身近な木（ヒノキ，スギ，トドマツ，エンピツビャクシン）のことを筆者が言っているわけではない。
・心身の健康づくりや人への影響について言っている。

ク・筆者が実験でわかったことを要約している。
・古くからわかっていることもある
（森林のにおい…細菌の増加を防止する。）

ケ・コと迷った
迷った理由…森林のさまざまなはたらきがまとめてある。
研究の成果↓ 人の健康への影響 ←

コ・最近の研究でわかったことが要約されている。
・「特に」という言葉を使って，大切なことを強調している。
・最初に，森林のはたらきと人への効果をまとめている。

（成家　雅史）

18　手紙を読む
―8年後も持っていたいこの一通―

関連教材：君へ・二十一世紀に生きる君たちへ（教出6年下，平成27年度版）
活動時間：8時間〜　準備物：子どもたちに向けて書かれた手紙

■ 活動のねらい

　この活動では，「手紙」を読むことを通して，2つのことをねらいます。

　まず手紙というものは，書き手からのメッセージが言葉によって直接的かつ明確に伝えられているテキストです。手紙を読む際には，書き手から読み手へのメッセージを正しく受け止める必要があります。

　ねらいの1つは，「メッセージを正しく受け止める力」を子どもに身に付けさせることです。この力を支えるのが，「①手紙全体の内容を的確に捉える力」と「②思いのこもった言葉や表現に着目する力」です。

　①は，「文章の内容を的確に捉える」ことや「優れた叙述について自分の考えをまとめる」ことなど，これまでの国語の学習で培ってきているものです。②は，どんな文脈の中で用いられた言葉や表現であるかを読むことが重要になります。

　もう1つのねらいは，先人たちが自分たち未来のある子どもたちに，どんな思いや期待を託しているのかを知り，これからの生き方について考えていくきっかけとすることです。

　そのため，ここでは子どもたちにあてた人生の先輩たちからの手紙を読むという活動を設定します。

　子どもたちの多くにとって，手紙は「書くもの」です。手紙に関する思い出を聞くと，送り手としての立場で語る子どもの方が多いです。

　けれども，卒業をひかえた6年生にとって，先の2つのねらいを達成することはこれからの生活を豊かにする一助となります。手紙を「書く」のではなく，「読む」理由がそこにあるのです。

　まずは自分たちの「手紙」にまつわる体験を語り合います。このときに教師は，子どもたちから出された意見を，「送り手としてのもの」と「受け手としてのもの」とに整理して板書をしていきます。

　ある程度子どもたちの体験を集めたら，教科書にある「君へ（日野原重明）」を子どもたちに読んで聞かせます。教科書ではなく，視写をして便箋などの形にしておいたものを読むと，子どもたちに「手紙」という学習材を効果的に印象付けることができます。読み終わったら，日野原さんの手紙から受け取ったメッセージについて感想を交流します。

　続いて，「二十一世紀に生きる君たちへ（司馬遼太郎）」を読み聞かせます。文中にある「君たちの心の中の最も美しいもの」という言葉に着目させ，子どもたちが，自分の存在を肯定的に捉えるための姿勢をつくります。

　先の二通の手紙以外に，大人から子どもたちに向けて書かれた複数の手紙・メッセージを配布して，どの手紙を「8年後（6年生の子どもたちが成人を迎える年）」まで持っておきたいかを選ばせます。『かがやく先輩からのメッセージ』（国立青少年教育振興機構）といった冊子が活用できます。手紙を読み合うときは，感想を近くの友達と語り合えるような場を保障します。

　友達が選んだ手紙を読み合い，友達がその手紙を選んだ理由を考えます。友達の普段の様子を思い起こさせながら，理由を想像できるように促していきます。

　最後に，自分なりの形でその手紙に対する気持ちを表します。返事を書いてみたり，丁寧に視写したりするなどの表し方があります。その手紙を題材にした作文や，思いに応えている未来の自分の絵を描くといった形でも構いません。

指導のポイント

　まずは「手紙」というものに対する子どもの価値観を一度揺さぶります。「書くもの」から「読み味わうことができるもの」という手紙のもっている価値にも目を向けさせることです。そのために，「受け手」としての体験をきちんと思い起こさせる導入をします。手紙は，言葉の美しさや書き手の思いに浸ることのできるテキストでもあります。他人の手紙，例えば，妻から夫への手紙などであっても，そのよさは十二分に感じることができます。このことに気付かせることは，読書生活や言語環境を豊かにしていくことにもつながっていくと考えます。

　「8年後も持っていたい一通」を選ぶ際には，手紙にどんなことが書かれているのか，書き手の思いがこめられている部分はどこか，そこから自分がどんなことを感じたのかを明確にさせます。ワークシートなどを活用して，子どもの思考の整理を支援します。

　友達が「8年後にも持っていたい一通」を選んだ理由を考えるときには，「正解を当てること」が目的ではないことを確かめます。また，選んだ子どもとの一問一答のようなやりとりにならないように，選んだ子どもが語る場は最後にします。このときには，自分が選んだ理由とともに，友達が語ってくれたことについて考えたことも話すようにします。

　語り合う場については2つの方法があります。友達に語ってほしいという子どもに挙手をさせ，学級全体で考える方法と，生活班などのグループで語り合う方法です。どちらにも長短がありますので，学級の実態に合わせて適した方法を考えます。

日常化に向けて

　卒業を控えた自分の気持ちを手紙に書きます。あて先は，自分であってもいいですし，友達や家族でも構いません。「読む」というインプットの学習は，「書く」というアウトプットの活動につながります。

　卒業の日に，手紙にこめた思いを語り合う時間をつくってもいいでしょう。

　評価のポイントは，「メッセージを正しく受け止める力」がきちんと身に付いていたかどうかです。

　まずは手紙に書かれている事柄を正しく理解しているかどうかを評価します。手紙に書かれているエピソードや書き手の気持ち，手紙にこめたメッセージなどです。次に，書き手が伝えようとしているメッセージが書かれている部分を見つけているかどうかを評価します。活動中の様子や，活動中に子どもが整理したノートやワークシートなどが根拠になります。

　友達が手紙を選んだ理由を考える場面でも，「メッセージを正しく受け止める力」が発揮されているかを評価のポイントにします。友達の理由を考える際には，友達に対する理解とともに，友達が選んだ手紙についての理解があることが前提になるからです。

子どもの作品

　筆者の学級でこの活動に取り組んだ際に，最後の活動として「手紙を視写」する子どもが最も多くいました。「手紙の形でずっと持っていたいから」というのがその理由でした。

　子どもたちは筆ペンを使って丁寧かつ熱心に視写をしました。その手紙は便せん6枚にもなり，「こんなに手紙を書いたのは初めて」と笑う子どもに，「もらったのも初めてでしょう」と言うと「本当だ」とまた笑顔になりました。とても印象的な場面でした。

　選んだ手紙を書いた人に返事を書いた子どもは，送り先を調べて実際に送りました。送り先を調べている過程で，その人の講演会が近くで行われることを知って参加もしてきました。自分にとって価値ある手紙をくれた人に会えたことは，大切な経験となったようです。　　　　　　　　　　（福田　淳佑）

19　筆者の言葉を自分の言葉に言い換えよう

関連教材：二十一世紀に生きる君たちへ（教出6年下，平成27年版）
活動時間：3時間〜　準備物：筆者の強調している部分の拡大したもの

▌活動のねらい

　説明的文章を学習するときは，多くの場合，筆者の論理構成に目を向けた読むことの学習が見られます。例えば，序論，本論，結論を見つける学習や頭括型や尾括型，双括型などの構成をまねして文章を書く学習です。筆者の見方や考え方を学ぶことが説明的文章では必要なことですから，当然，筆者の論理構成に目を向けることは大切です。ですが，筆者の見方や考え方は，論理構成だけに表されているのではなく，用いられている言葉にも表されていると考えます。特に，例示されている言葉や筆者が繰り返し述べている言葉があります。そのような言葉を自分なりに使ってみると，筆者の見方や考え方がもっと身近に響いてきます。筆者の言葉を自分の言葉として使うことで，言葉自体の多様な意味を理解することになります。

　活動時期としては，6年生からが適していると考えます。理由は，6年生になると，伝記であったりコラムであったりと人物や筆者の主張が強い文章が掲載されている教材が多いからです。特に，巻末にある「読みもの」として扱われるような資料は，文章も短く，筆者も著名な方が多く，読書生活にもよい影響を与えてくれそうなものが多いのでお薦めです。

▌活動の手順

　本単元においては，「二十一世紀に生きる君たちへ（司馬遼太郎）」（教育出版6年下巻，平成27年度版）で活動の手順を示します。本にもなっている有名な文章ですので，別に教科書に載っているから読むということではなくて，「教科書をよく見たら教科書にも載っていたね」というような入り方で

いいと思います。

①まず，題名や筆者について確認する。

T　この題名を読んで，どんなことが書いてありそうかな。

C　二十一世紀を生きる僕たちを応援している。

C　二十一世紀はこういうことに気を付けなさいという注意点を書いている。

T　筆者の司馬遼太郎さんを知っている人はいますか。

②「二十一世紀に生きる君たちへ」を読んで，大切なキーワードを絞る。

※実際の授業では，グループでキーワードを絞った。各グループ3つまで選んだ。

③各グループから出たキーワードを分類整理する。

T　各グループから出てきたものを見て，気が付いたことはありますか。

C　私たちのキーワードと同じグループがあります。

C　たくさんのグループで共通しているものがあるので，まとめられそうです。

T　それでは，みんなでまとめてみようか。

※板書写真の左側A〜Gが2グループ以上から出ていたキーワード。

④キーワードの中から，最も筆者が強調して述べていることを見つける。

T　これだけたくさんのキーワードがあるということが分かりましたね。でも，特に，筆者が強調して述べていることは，もう少し絞れません

か。どの言葉に一番思いが強いでしょうか。
　どのように読めば，その言葉が見つけられ
　るかな。

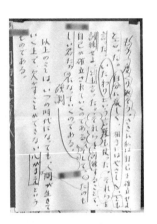

C　何度も使っている言葉に注目すればいいと
　　思います。

T　それはいい方法だね。

C　筆者の言葉づかいに気を付けて読んだら見
　　つかるかもしれません。

C　〇班が言っている，「もう一度くり返そ
　　う。」で始まっている段落があります。

C　その段落には，みんなから挙がっているキーワードがいくつも入って
　　いるね。

C　最後に，「そして，"たのもしい君たち"」とあるから，一番強調した
　　いのは，二十一世紀に生きる僕たちに，「たのもしく」なってほしい
　　ということじゃないかな。

⑤「たのもしい」人について，自分の知識や経験から類推して考える。

T　では，「たのもしい」人っていうのは，この筆者の文章を読むとどん
　　な人のことなのかな。自分はこういう人が「たのもしい」人だと考え
　　てみよう。難しかったら，身近にいる人を挙げて，その人のどんなと
　　ころをたのもしいと思うのか理由を書いてみよう。

■ 指導・日常化のポイント

指導のポイント

　まずは，キーワードを挙げられることが大切です。キーワードは言い換え
れば要点です。低学年から説明的文章で見つけることを繰り返して学習して
いますので，確かに要点を見つけてほしいです。そして，キーワードを最初
から１つに絞らないこともポイントです。あまりたくさんのキーワードが出
ると，収束する活動が大変になりますので，多くても個人，グループでの活

動どちらの場合でも３つまでが妥当です。

　一番重要なキーワードに迫るためには，接続詞や助詞，筆者の言い回しやかっこ等の使い方にも注目させることがポイントです。また，事前に教師は，しっかりと文章を読んで，何を根拠にして一番重要なキーワードに迫るかということを計画しておかなければなりません。教材研究が大切となります。

評価のポイント

　評価の対象は，筆者の言葉を自分の言葉で言い換えることです。本単元であれば，筆者の述べる「たのもしい」とはどういう意味なのかを，自分の知識や経験から書き表すことです。その自分で書き表した言葉が，しっかりと自分の知識や経験から表現されていることであればいいのです。

子どもの言葉

Ａ児

> たのもしい人は，身近で言うとクラスをまとめられる人，その時のふんいきに流されないで，正しいことが考えられる人だと思います。つまりは全体を整えられる人のことではないかと思います。難しいけど，その人がいないとダメになってしまう，司馬さんは社会や組織の要になる人になれと言っているのだと思います。

　下線部分のように「身近な人」で考えた上で，波線部分のように「つまり」と言って自分の「たのもしい」概念を上昇させ，更には一般化している。

Ｂ児

> 私はたのもしくなるためには，まず身近なことにあると思います。例えば，自分から発言したり，行動することから始めていけばしっかりと自分ができて心が強くなっていくと思います。ただ，自分ばかりでなく，自分以外の人と心から接していけば，多くの考えを知ることができ，たのもしくなれるのではないかなと思います。

　Ｂ児も「身近」なことから考え，「例えば」という言葉を使って，自分なりに「たのもしい」を「心が強い」，「他の人と交流する」というように解釈しています。

（成家　雅史）

20　学習計画
―「どうぶつの　赤ちゃん」―

関連教材：どうぶつの　赤ちゃん（光村1年下）
活動時間：15分程度　準備物：なし

■ 活動のねらい

　この活動は，単元の導入時に学習課題を理解し，今後の学習を見通すことを目的としています。ただし，教師が立てた学習計画を子どもに押しつけてしまうと主体的な学習にはなりにくいので，教師と子どもが一緒に学習計画を立てていかなければなりません。

　もちろん，教師としてこういう計画で学習を進めよう，というビジョンをもっていることはとても大切ですが，それをただ単に提示するだけではなく，子どもたちとどのように学習を進めたらよいかやりとりをしながら学習計画を立てることで，主体的な学習になり，学習の仕方や方法など学び方を子どもたちに身に付けていくこともできます。

■ 活動の手順

①学習計画を子どもたちと一緒に立てる。

　　T　じゃあ，今みんなで決めためあて「動物の赤ちゃんの“初耳”を紹介する」ためには，これからどんな学習をしていけばいいかな。これからみんなで学習計画を立てていくよ。

　　C　う～ん。どうしよう。

　　C　まずは，どんな動物の赤ちゃんにするか決めないといけないよ。

　　C　あ，そうだね。

　　C　私はパンダがかわいいからパンダの赤ちゃんにしようかな。

　　T　じゃあ，最初はどの動物にするか決めないといけないね。どの動物にするか決まったらどうする？

C　"初耳"を探しながら本を読まないと！

T　なるほどね。他のみんなもそれでいいかな？

C　いいと思う！

T　じゃあ，本を読んで"初耳"を探すんだけど，"初耳"ってどうやって探したらいいかな？

C　分からないな。

C　やったことないから難しそう。

T　そうだね。すぐに"初耳"を見つけられる人もいるかもしれないけど，どうやって"初耳"を探したらいいか分からない人もいるから，教科書の「どうぶつの　赤ちゃん」をみんなで読んで"初耳"の見つけ方を学習して，そして自分が選んだ動物の赤ちゃんでも同じように"初耳"を探したらどうかな。

C　いいね。

C　そうしよう。

T　"初耳"が見つかった後はどうする？

C　紹介するんだから，文に書かないと。

T　文に書いて……。

C　完成！

T　完成したら掲示して友達やおうちの人にも見てもらいたいね。

C　うん。楽しみ！

C　早く本を読みたいな。

C　どの動物の赤ちゃんにしようかな。

T　じゃあ，これからこのような学習の流れで学習を進めていこう。

■ 指導・日常化のポイント

教師と子どもが一緒に学習計画を立てる

　単元の学習計画を，教師から全て提示するのではなく，子どもたちと一緒に立てることで，子どもたちが主体的に計画的に学習に取り組めるようにし

ます。低学年のうちから毎回単元の導入で，このように教師とやりとりをしながら子どもたちと一緒に学習計画を立てることで，少しずつ自分自身で学び方を選択したり決定したりすることができるようになるとともに，学年が上がるにつれて総合的な学習の時間など他教科や他の領域でも自分で学習の進め方を考えられるようになっていきます。

　教師が考えている学習計画と異なる発言が出た場合，どうしてその進め方がいいのか，どうしてその方法がいいのかなどを学級みんなで話し合いながら判断していくとよいでしょう。その際，学習課題や単元のゴールを再確認し，何のために学習するのか，それに必要な学習は何かを子どもたちに考えさせるようにします。

　また，子どもたちからは今までの経験や既習の方法などの発言しか出てこないので，新しい学習の進め方を予定している場合は，「こういう方法もあるんだけど，これで学習を進めるとこんなふうになるよ」と助言し，子どもたちが新しい学び方を身に付けられるようにしてあげるとよいでしょう。

■ 評価のポイント

　単元の導入時に，学習課題を達成するためにはどのような学習をすればよいかについての発言や子どもたちの態度を観察するなどして評価をします。ただし，発言すれば何でもよいのではなく，学習課題を達成するために必要な学習についての発言内容になっているかを判断して評価していく必要があります。

　また，発言がなかったとしてもみんなで話し合って立てた学習計画から今後の学習を見通すことができたかどうかを授業の最後の学習感想や振り返りなどで見取ることが大切です。

　本実践「どうぶつの　赤ちゃん」（光村図書1年下）は，全11時間扱いで実施しましたが，細かくそれぞれの時間にどんな学習をするのかを単元の導入で計画する必要はなく，右上の写真のように大まかにこんな流れで学習を進めるということが分かればよいでしょう。もちろん，発達段階や単元に合わせて細かく計画を立てていくこともできます。また，みんなで話し合って立てた学習計画を子どもたちがノートに書いたり，教師が模造紙に書いて教室に掲示しておいたりし，毎時間今はどの学習をしているのかが一目で分かるようにしておくと，計画的に学習を進められるとともに，今日はこの学習だからこうしようと主体的に学習に取り組めるようになります。ただし，計画にこだわり過ぎずに，子どもたちの学習状況を見極め，必要に応じて計画を臨機応変に変更していくこともあります。

　右下の写真のような教師のモデルがある場合は，学習計画を立てる前に子どもたちに提示しましょう。そうすると，単元のゴールがイメージしやすくなり，学習計画を立てる際も意見が活発に出やすくなります。

ライオンの写真

　なかなか意見が子どもたちから出ない場合は，似たような学習をしたことはないか想起させると，こんな学習をやったから，この学習でもこの方法が使えるかもしれないと思い出すことができ，意見が出てくるようになります。

（筧　理沙子）

❹その他の授業アイデア　2年

21　0次の学習
―「わたしはおねえさん」―

関連教材：わたしはおねえさん（光村2年下），石井睦美『すみれちゃん』ほか
活動時間：朝読書の時間など　準備物：なし

▐ 活動のねらい

　この活動は，いきなり単元を始めるのではなく，単元に入る前に子どもた
ちが学習したいと思えるような土壌づくりを目的としています。そうすると，
子どもたちが主体的に学習に臨めるようになるからです。大熊は，「子ども
が主体的にかつ意欲的に学ぶためには，学習指導は，あくまでも子ども自ら
の課題意識や興味・関心を起点として展開されなければならない。しかし，
実際には，何事にも興味・関心を示さない子ども，自らの課題を自ら見付け
ることのできない子どもが多い。そこで，導入の前に，子どもたちの興味・
関心や課題意識を豊かに醸成する時間を十分にとる必要がある。その時間が
『0次』段階である。」*と述べています。

▐ 活動の手順

①生活科で「未来に向かって自分探検」の学習をし，「成長記録」を作成す
　るめあてを確認する。
②朝読書の時間などに「すみれちゃんシリーズ」の読み聞かせをする。

　　T　（『すみれちゃん』『すみれちゃんは一年生』『すみれちゃんのあついな
　　　　つ』『すみれちゃんのすてきなプレゼント』を見せながら）この本，
　　　　知っていますか。

　　C　すみれちゃん？

　　C　知らない。

　　T　この本，すみれちゃんっていう子が出てくるんだよ。

　　C　シリーズだね。

T	でも，普通のシリーズとはちょっと違います。
C	え？！
T	このシリーズは，1冊ごとにすみれちゃんが年長さん，1年生，2年生，3年生と大きくなっていくお話です。
C	すみれちゃんが成長していくんだね。
C	面白そう！
T	色々なお話が入っている本なので，すみれちゃんはどんな子なのか，すみれちゃんがどのように成長するのかに注目して聞いていてください。

※毎日少しずつ読み聞かせをして，『すみれちゃんのあついなつ』までを読み聞かせしておく。『すみれちゃんのすてきなプレゼント』は単元終了後に読み，どんな3年生になったのかについて思いを馳せると同時に，自分はどんな3年生になりたいかを考えるきっかけにしたい。

T	（単元の導入で）実は，この「すみれちゃんシリーズ」の本には載っていないすみれちゃんのお話が教科書に載っています。
C	そうなの？
C	早く読んでみたい！

■ 指導・日常化のポイント

他教科との関連（カリキュラム・マネジメント）

　生活科「未来に向かって自分探検」と関連付けて学習を進めていきます。具体的には，生活科で生まれた頃から現在までを振り返る「成長記録」を作成します。生活科で自分の成長を振り返るときに，"成長"を取り上げた本（「すみれちゃんシリーズ」や「わたしはおねえさん」（光村図書2年下））を読むことで自分自身の幼い頃の気持ちを思い出すことができると考えました。本単元では，現在の成長について振り返ったことが生活科の「成長記録」にも生かせると考えます。「すみれちゃんシリーズ」を0次で読むことで，「すみれちゃん」の幼い頃も知り，「すみれちゃん」をより身近に感じることが

できるでしょう。小さい頃から知っている「すみれちゃん」が2年生になってどんな女の子になったのか，子どもたちは想像を広げながら読むと同時に，「すみれちゃん」の成長を追体験することを通して，自分の成長記録を書くための参考にすることができると考えます。そして，「書いてよかった」「また書きたい」という喜びを体験させ，自信を高めることで，自立の基礎を目指す生活科のまとめにもつなげていきたいです。「すみれちゃん」の行動や気持ちを読むことで，これまでの自分を見つめ直し，これからの自分の姿を意識するので，2年生の子どもたちなりに，文学から自分の成長を感じ取る読書の力をも育むことができると考えます。また，道徳でも生命尊重や家族愛などの資料を取り扱うとより効果的です。

シリーズで読む

　シリーズで読むことによって，「すみれちゃん」の成長に気付くとともに，「すみれちゃん」の成長を追体験することで自分の経験と結び付けながら読み進め，自分自身の成長にも気が付くことができるのではないかと考えます。教科書教材だけでなく，シリーズで読むことで学習したいという意欲が高まると同時に，朝読書以外の時間にも自ら本を手にとって読み始める子どもたちが増えて読書の日常化にもつながります。

■ 評価のポイント

　本実践では，他教科との関連や読み聞かせを「0次の学習」としているので，生活科「未来に向かって自分探検」では生活科の評価を行います。また，朝読書での読み聞かせは，単元に入る前の土壌づくりのためなので，特に評価は必要ありません。単元導入時に，学習に対する関心・意欲・態度を評価していきます。

■ 子どもの様子・板書例

　「すみれちゃんシリーズ」を読み聞かせするため，それぞれ1冊ずつは用意します。可能であれば，子どもたちが自由に手にとって読めるように，複

数冊あるとよいでしょう。

　生活科では，下の写真のように１年生の頃の写真と２年生の頃の写真を提示し，気が付いたことを自由に発表しました。そうすると，変わったところ＝"成長"に気付き，そこから「成長記録」を作成することにつなげていくことができます。

（筧　理沙子）

参考文献
＊大熊徹（2011）『国語科学習指導過程づくり―どう発想を転換するか―習得と活用をリンクするヒント』明治図書出版

22　並行読書
―「アレクサンダとぜんまいねずみ」―

関連教材：アレクサンダとぜんまいねずみ（教出2年下）
活動時間：朝読書の時間など　準備物：単元で使用する図書資料，シール，名簿

▎活動のねらい

　並行読書とは，当該単元の指導のねらいをよりよく実現するために，共通学習材（通常は教科書教材）と関連させて，本や文章を読むことを位置付ける，指導上の工夫のことです。例えば，本実践では教科書教材の「アレクサンダとぜんまいねずみ」だけでなく，同じ作者（レオ＝レオニ）の作品を複数冊読んでいきます。他の例としては，働く自動車に関する様々な本を読むなどが挙げられます。並行読書の最大のメリットは，子どもが主体的に読む姿を実現しやすくなることです。とりわけ，読むのが苦手な子どもほど，教科書の読みではなかなか見られない，主体的に学習に臨む姿が，多くの授業で見られるようになります。また，教科書以外の作品や文章を読む機会が得られることで，子どもたちがより多くのストーリーやものの見方・考え方，優れた叙述などと出合うことができますし，1つの物語では見えてこなかったものが，複数の本や文章を関連付けることによって見えてくることも多いです。さらには，教師の側から見れば，教科書の読みを自分で選んだ本の読みに適用できるようにすることで，確実な指導と評価を行うことが可能となります。

　単元を通して並行読書を行っていく際に，誰がどの本を読んだかが分かるように「読書の状況を一覧する表」を教室内に掲示しておき，協働的な交流の際の参考にすることで，より当該単元の目標が達成できるようにすることを目的としています。

①本を読んだらシールを貼ることを確認する。

T　この表には，ここにみんなの名前が，こっちにはレオ＝レオニの本の
　　題名が書かれています。それで，その本を読んだらシールを貼ってい
　　ってください。そのときに，シールは３色あります。赤色はその本が
　　すごくお気に入りだなって思った人，橙色はその本がお気に入りだな
　　って思った人，黄色はその本がまあまあだなって思った人がそれぞれ
　　シールを貼ってください。朝読書の時間だけじゃなくて，休み時間や
　　おうちで読んだものもシールを貼っていいよ。

C　シールを貼るのが楽しみ！

②実際に子どもたちが並行読書を進める。

C　あ，○○ちゃんと私は同じ本を読んでいるけど，シールの色がちがっ
　　ているよ。私はまあまあだって思ったけど，○○ちゃんはどうしてす
　　ごくお気に入りなのかな？

C　□□くんは僕と同じ赤シールをこの本に貼っているな。

■ 指導・日常化のポイント

読書の状況を一覧する表

　誰がどの本を読んだのかが一目で分かるように次ページの写真のような
「読書の状況を一覧する表」を教室内に掲示しておき，本を読んだらシール
を貼るようにします。この表には，横軸に児童名，縦軸にレオ＝レオニ作品
が書かれていて，その本を読んだら赤（すごくお気に入り），橙（お気に入
り），黄（まあまあ）のシールを貼っていきます。そうすることによって，
協働的な交流の際の参考にすることができます。具体的には，教科書教材の
「アレクサンダとぜんまいねずみ」は全員が読んでいるので誰とでも自分の
考えなどを交流することができますが，レオ＝レオニ作品の中から自分が選
んだ本について自分の考えを交流したい場合，誰がどの本を読んでいるか分
からないと無目的に交流することになってしまうので，自分が選んだ本での

交流も赤シールの友達と交流して自分と同じなのか違うのかを聞いたり，敢えてその本を読んでいない友達と交流してどう思うかを尋ねたりして，目的をもって交流することができます。

　また，2回目以降はシールを重ねて貼っていて，黄から赤に変わっていたり，橙から黄に変わっていたり，教師側も子どもの読書の状況を把握しやすくなり，授業を組み立てるときに意図的に交流相手を決めたり指名をしたりするのが容易になります。

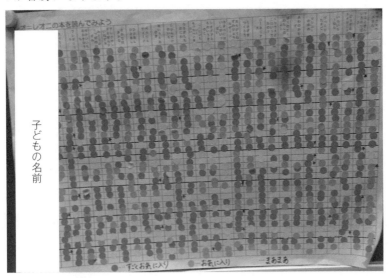

司書教諭との連携

　並行読書を行う場合，どの本を選んで教室に置けばいいのか選書がとても重要になります。そこで，司書教諭と連携を取り，当該単元の指導のねらいをよりよく実現するために，共通学習材と関連させて，どのような本を選べばよいか助言してもらうとよいでしょう。本実践のレオ＝レオニ作品はどの本も大体2年生が読むのに適していますが，例えばあまんきみこ作品，宮沢賢治作品など同じ作者でもその学年に全ての本が適しているとは限りません。また，働く自動車に関する本も発達段階にふさわしい本を選ばないと，当該単元の指導のねらいを達成できなくなってしまいます。

　本実践では，朝読書の時間や休み時間などで本を読んでいるので，特に評価は必要ありません。「０次の学習」などと関連させて行うこともできますし，単元に入ってから並行読書を行うこともできます。

　右上の写真は，司書教諭と連携して選書してもらったレオ＝レオニ作品です。子どもたちが自由に手にとって本を読めるように，できれば同じ本を複数冊用意しておくとよいでしょう。

　右中の写真は，子どもたちが並行読書をしている様子です。シールを貼ることで，自分がどれだけ本を読んだのか一目瞭然で本を読む意欲にもつながりますし，友達から「この本面白かったよ」と教えてもらうなどしてまだ読んでいない本に手を伸ばすなど主体的に本を読む姿が見られます。

　右下の写真は，「読書の状況を一覧する表」を活用して，交流相手を自分で探している様子です。単元途中の交流や単元終末の交流で使用していくと効果的です。

（筧　理沙子）

23　伝統的な言語文化　百人一首をかざろう

関連教材：短歌・俳句に親しもう（一）（二）（光村4年上下）ほか
活動時間：5時間〜　準備物：百人一首，百人一首に関連した図書資料

■ 活動のねらい

　この活動は，百人一首に親しみながら，古語のもつ語感やリズムを味わうとともに，短歌で表現されている様子を想像しながら楽しむことをねらいとしています。

　百人一首におさめられている短歌には，共通のテーマでうたわれているものがあり，その中には同じ言葉が使われてもいます。例えば，「秋」という言葉が使われている短歌は，12首あります。そういった短歌の中で使われている言葉に着目をして，自分の好きな短歌を集めていく活動です。

　集めた短歌を，表現されている様子をイメージしながら飾っていきます。

百人一首という材は，かるた遊びやぼうずめくりなど，子どもたちにとっては，教材というよりも，「遊び道具」に近いといえます。札の形をしていることも，子どもたちに親しみやすさをもたらしています。好きな短歌を選ぶというよりも，好きな札を選ぶという意識になるので，そこにも楽しさが生まれやすくなります。

　もともとは，装飾を目的として選ばれた百首の短歌ですから，短歌を選んで飾るという活動は，昔の人たちの生活の一端を体験することにもなると言えるでしょう。

　百人一首について，かるたとして親しまれていることや，もともとはふすまを飾るものであったこと，昔の人たちは絵画を鑑賞するように短歌を見て楽しんでいたことなどを話して，子どもたちの興味を引くようにします。

　まずは，百人一首と親しむことから始めます。ぼうずめくりなど，百人一首にふれたことのない子どもでも，気軽に楽しめる遊びから入ります。その他にも百人一首の読み札を5×5で並べて，歌人の名前を読み上げていってビンゴのようにして楽しむ方法もあります。取り札ではなく読み札をとるようにして，難易度をさげるのもいいでしょう。

　百人一首になれたら，同じ言葉が使われている短歌をいくつか紹介をします。このときに，「同じ言葉を探そう」とクイズのようにします。ここで，百人一首には，同じ言葉が使われている短歌が多くあることを確かめます。「秋」「紅葉」のように，連想できる言葉も多いことを合わせて押さえておきます。

　子どもたちそれぞれに好きな短歌を選ばせます。選べたら，好きな短歌と同じ言葉が使われている短歌や関連した言葉のある短歌を集めていきます。そこから，3〜4首選んだら作品づくりに取り組みます。選ぶときには，「同じ言葉」以外にも，「時間」「季節」「色」「場所」などを視点として示します。百人一首かるたを複数用意したり，一覧表を配布したりするなどして，選ぶ際の支援の形も工夫します。

　作品には，自分が短歌を選んだ理由や，そこから感じたことや考えたことを書き入れます。百人一首の短歌の意味や背景について解説をした資料を読みながら取り組んでいきます。

　作品が完成したら，学級で鑑賞をして，感想を交流します。

作品としてのよさや短歌を選んだ理由から考えたことなどについて交流する
とよいでしょう。

指導のポイント

　集めた短歌を3～4首にしぼるときや，作品を作るときには，グループ活
動を取り入れます。それは，自分が短歌を選んだ理由や選んだ短歌から感じ
たことや考えたことをより明確にさせるためです。テーマが似ている子ども
同士でグループを組むと，話し合いや相談が活発になることが期待できます。

　教師は，短歌の言葉に着目をさせたり，選んだ理由を明確にさせたりする
言葉かけを適宜していきます。「短歌の意味を調べてみて，どんなことを思
ったかな」「昔の人は，○○をみて，こんな風に感じていたんだね」のよう
に，短歌に表現された様子について，子どもの意識が向くような支援も大切
です。

　作品を作る際には，なるべく多くの画用紙や折り紙などを用意しておき，
子どもたちが自分のイメージをより近い形で具現化できるようにしておきま
す。選んだ短歌を短冊に書かせておくと，置き方や順番も工夫させることが
できます。筆ペンを使わせると，マジックなどよりも雰囲気を感じさせるこ
とができます。

日常化に向けて

　この活動に取り組む前から，百人一首についての本や百人一首を教室に用
意をしておきます。一度興味をもった子どもは，自発的に暗唱を始めたり，
知識を増やしていったりします。この子どもたちが，学級で取り組む際に中
心的な役割を果たしていってくれます。

　活動後も教室に札を置いておくと，休み時間などに遊ぶ姿が見られます。

　この活動をしておくと，子どもたちの中に自然と古語の語感やリズム感が
養われています。短歌作りに取り組む際に生かすことができます。教師から
促さなくても，「～けり」「～や」といった表現を使うようになります。

学級で百人一首大会を開くことで，子どもたちの興味関心を高めることもできます。使う札の枚数を限ったり，子どもたちの自己申告でグループ分けをしたりすることで，苦手意識のある子どもも，安心して参加することができます。

評価のポイント

　百人一首を飾る活動においては，短歌の中の言葉への着目の仕方や，そこからどんなことを感じたかの記述をよく見ます。感じたことについては，その子どもなりの考えが書かれているかどうかを評価します。解説などをそのまま書き写しているだけの場合は，指導をします。

　作品としては，使われている色や飾りのよさを認めていきます。子どもに，どうしてこのようなデザインにしたのかを聞いたり，学習感想を記述させたりして，子どもの意図を理解します。

　活動を通しては，百人一首にどれだけ親しんでいるかを中心に見ていきます。活動前から意欲のある子どもの場合は，自分が感じている楽しさを周りの友達にも広げていく姿を期待します。活動後に百人一首を手に取ろうしているかなど，活動後も継続して見つめていくようにします。

子どもの作品

　この子どものテーマは「秋」です。自分の名前に「鹿」の字があることから，「奥山に紅葉踏み分け鳴く鹿の声聞く時ぞ秋は悲しき」を好きな短歌として最初に選びました。

　短歌から感じたこととして，「秋の美しさをテーマにして選びました。『秋は悲しき』も秋の特徴，美しさと言えるのではないでしょうか」と書いています。（福田　淳佑）

24　感想の交流
―「『鳥獣戯画』を読む」―

関連教材：『鳥獣戯画』を読む（光村6年）
活動時間：1時間　準備物：なし

■ 活動のねらい

　交流には様々なものがありますが，ここでは単元終末でできあがったものを互いに見合って感想を述べる際の交流について取り上げます。単元終末に交流することにより，互いの共通点や相違点が明確になります。そして，多様な見方ができることの面白さに気付くとともに，友達からもらった感想により，自分の考えが広がったり，この学習で身に付いた力などを客観的に振り返ったりすることを目的としています。また，完成した作品を友達と読み合ったり，保護者に読んでもらったりする活動を通して，自分の思いを書いて表現することのよさを実感できるようにしていき，今後の読む活動・書く活動へ生かしていくことができるでしょう。

■ 活動の手順

①前時までの学習を振り返り，本時の学習課題を確認する。

　T　前の時間に自分が選んだ「鳥獣戯画」の一場面を解説する文章が書けたね。今日はどんな学習をするんだっけ？

　C　書いたものを読み合う！

　C　友達はどんなことを書いたのか早く読んでみたいな。

　T　そうだったね。読み合うだけじゃなくて，読んだら感想も伝えてほしいと思います。でも，言葉だけで感想を伝えると残らないので，誰がどんな感想を言ってくれたか忘れてしまいます。そこで，付箋に感想を書いて渡してあげてください。ちなみに，先生の文章だったらどんな感想をくれますか？

C　実況中継みたいに書かれていて，面白いなと思いました。

C　あと，書き出しも工夫されていていいなと思いました。先が読みたくなる感じ。

C　蛙の表情に着目していて，私はそこに気付かなかったけど，確かにそういう表情に見えるなって思いました。

T　ありがとう。みんなからそう言ってもらえて嬉しいな。今言ってくれたみたいに，表現の工夫や，「鳥獣戯画」のどこに着目したのか，それをどう評価したのかなどを感想に書くといいね。字がうまいとか下手とかそういうことじゃなくて，文章の内容について感想を書こう。

②友達の作品を読み，感想を付箋に書いて伝え合う。

※交流相手の1人目は，全員がねらいを達成できるように教師が意図的に決めておく。2人目以降は自由に互いの作品を読み合い，交流できるようにする。

指導・日常化のポイント

交流相手の工夫

　交流相手を自由にすると，感想をもらえない子どもが出てしまう可能性がありますし，自分の考えを広げたり身に付いた力などを客観的に振り返ったりするというねらいが達成できなくなってしまうことも考えられます。そこで，交流相手を1人目は意図的に決めておくとよいでしょう。本実践では，共通点と相違点が明確になるように，同じ場面を選んだ子ども同士での交流をし，自分の考えを広げたり，深めたりすることができるようにしました。同じ場面を選んだ友達がいない場合は，近くの場面を選んだ子ども同士で感想を交流します。その際，表現の工夫や，「鳥獣戯画」のどこに着目したのか，それをどう評価したのかなどを感想に書くように視点を与えることも大切です。本実践「『鳥獣戯画』を読む」（光村図書6年）の作者の「着眼点」や「評価」を参考にしながら，自分の「着眼点」や「評価」と友達の「着眼点」や「評価」の違いについて感想を伝え合うことで，考えが広げられると

考えます。

　また，だれがどの場面を選んだのかが
一目で分かるように掲示の仕方も工夫す
ると交流がしやすいです。本実践では，
右の写真のように鳥獣戯画の絵巻物を掲
示し，選んだ場面の下にそれぞれが書い
た解説する文章を貼っています。絵と文

章を対応させながら見ることができるので，感想を書きやすくなりました。

感想を残す工夫

　音声だと残らないので，感想を残す工
夫として付箋を活用します。右の写真の
ように，感想を書いたらその友達の文章
に貼り付けていきます。友達から感想を
もらうことで，学習の達成感や成就感を
味わうことができます。また，もらった
感想を付箋に書くと貼ることができるの

で，誰からどんな感想をもらったのかが一目で分かり，感想を書く際の参考
にもなりますし，感想を読んでさらに共通点や相違点に気付くことができる
ようにもなります。もらった感想を読み返すことで，自分が書いた文章を客
観的に見ることができ，この単元で身に付いた力をメタ認知することもでき
るでしょう。

評価のポイント

　友達の解説する文章を進んで読んでいるかなどの意欲を評価します。また，
自分の考えを広げたり深めたりしているかを，感想を書いた付箋や授業の最
後での振り返りで評価します。

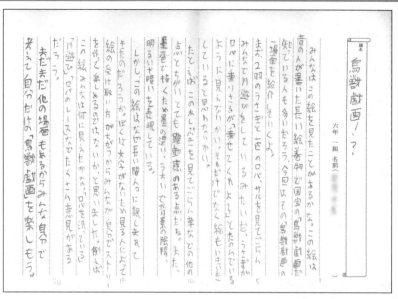

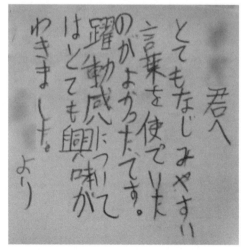

　上の写真は，子どもが書いた文章です。この文章に対して，ある子どもは右の写真のような感想を渡しました。この子どもは，表現の工夫にも気付くことができましたし，自分では思いつかなかった「躍動感」について書かれていることを発見し，考えを広げられたのではないかと思います。

　また，この感想をもらった子どもは，とても嬉しそうな顔をし，自分の文章は表現の工夫ができていて，読み手に伝わるように書けているんだと客観的に文章を見直すきっかけにもなったようです。

（筧　理沙子）

おわりに

　本書の企画は，５年前に遡ります。福田淳佑先生，筧理沙子先生が，東京学芸大学附属小金井小学校で勤務されている時期でした。当時，本校の校内研究は，授業研究の視点として，子どもと学習内容や学習対象を結ぶ学習環境デザインにおいて何が有効に働いていたかということを柱にしていました。学習環境は，教材や教具に限定的に考えられがちですが，活動，文化的道具，教室空間，学級集団，ルール，カリキュラムなどの多様なものがあることが，各教科の実践を通して明らかになりました。国語科としては，「ことばで豊かに学ぶ子の育成」を研究テーマとして，交流によって言語活動が活発化できるような学習環境をデザインすることを目指していました。本校の校内研究は，３年で新しい研究テーマに切り替わることが慣例となっていました。ちょうど，その３年目を迎える時期でした。今までの研究の成果を何とか形にできないものかと考えて，本著を企画し，３人で執筆を始めました。Chapter2　領域別・「交流型」授業＆言語活動アイデアについては，３人で分担し，原稿が出揃いました。原稿が出揃ったところで，福田淳佑先生，筧理沙子先生が本校を異動されました。その後，すぐに，私がChapter1に取り掛かることができていれば，これほどまでの時間が掛からずに日の目を見たのですが，私の力不足により取り組むことができませんでした。お二人の先生には，本当に申し訳なく思っておりました。

　執筆にご協力いただいたお二人のためにも，何とか出版しなければいけないという気持ちは常にありました。なぜ，これほどまでに時間が経ってしまったのか。理由は，私の怠慢に他ならないのですが，言い訳を２つさせていただくと，１つは，私が校内研究の推進をする立場になったということ，もう１つは，私が高学年を担任することが続き，低学年や中学年の実践アイデアを考えることが難しかったことです。

　校内研究を推進する立場については，大変貴重な経験でした。本校の教師

集団は，それぞれの教科のプロです。ですから，本校の校内研究は，１つの教科に特化して研究を進めるということはしません。それぞれの教科を横断的・包括的に捉えることを考えて進めていかなければなりません。多方面の本を読んだり，話を伺ったりすることはもちろん，やはり，同僚の声から多くのことを学び，３年間務めあげることができました。そして，再び，本著に取り組める力が湧いてきました。

　幸いにも，2019年度から小野田雄介先生が，2020年度から大村幸子先生が，本校に勤務されました。2020年度は，コロナ禍の影響で６月までは本校も休校措置でありましたが，大村幸子先生が低学年，小野田先生が高学年，私が中学年を担任することとなり，Chapter1の「交流型」授業に役立つ！学年別・場面別指導アイデアを，より充実した内容でお示しすることができるようになりました。通常よりも，短い期間しか授業ができない状況にもかかわらず，本著の趣旨や経緯を理解してくださり，原稿を執筆してくださいました。お二人の力添えがなければ，やり遂げることができなかったと思っています。本当に感謝申し上げます。

　私が東京学芸大学附属小学校に勤務し，10年になりました。国語科を専門とする先生方と学び合い，国語教師として成長することができました。10年の節目に，共に学び合った先生方と本著を上梓でき，嬉しく思います。本書をお読みいただき，先生方の成長の一助となれば幸いです。

　最後になりますが，このような長い間，温かく見守ってくださり，知恵や励ましの言葉をくださった明治図書出版の木山麻衣子様には，大変お世話になりました。この場を借りて，お礼申し上げます。ありがとうございました。

2021年６月

成家　雅史

【編著者紹介】

成家　雅史（なりや　まさし）

1973年埼玉県生まれ。東京学芸大学附属小金井小学校教諭。東京学芸大学大学院教育学研究科修士課程修了。東京都の公立小学校教諭。現職。主な著書に，『主体的に学習に取り組む態度を育てる！小学校国語科振り返り指導アイデア』（編著），『楽しく書く力が育つ　10分間ミニサクワーク　３・４年』（編著），いずれも明治図書出版。

【執筆者紹介】（執筆順）

成家　雅史　東京学芸大学附属小金井小学校

大村　幸子　東京学芸大学附属小金井小学校

小野田雄介　東京学芸大学附属小金井小学校

福田　淳佑　文教大学付属小学校

筧　理沙子　東京都世田谷区立給田小学校

国語授業アイデア事典

小学校国語科「交流型」授業づくり＆
言語活動アイデアブック

2021年7月初版第1刷刊　Ⓒ編著者　成　家　雅　史
　　　　　　　　　　発行者　藤　原　光　政
　　　　　　　　　　発行所　明治図書出版株式会社
　　　　　　　　　　　　　　http://www.meijitosho.co.jp
　　　　　　　　　　　　　　(企画)木山麻衣子 (校正)丹治梨奈
　　　　　　　　　　〒114-0023　東京都北区滝野川7-46-1
　　　　　　　　　　振替00160-5-151318　電話03(5907)6702
　　　　　　　　　　ご注文窓口　電話03(5907)6668

＊検印省略　　　　組版所　藤　原　印　刷　株　式　会　社

本書の無断コピーは，著作権・出版権にふれます。ご注意ください。

Printed in Japan　　　　　ISBN978-4-18-067523-4

もれなくクーポンがもらえる！読者アンケートはこちらから
→